Ilona Maria Hilliges

MIT DEN AUGEN
DER LEOPARDIN

Ullstein

Besuchen Sie uns im Internet:
www.ullstein-taschenbuch.de

Umwelthinweis:
Dieses Buch wurde auf chlor- und säurefreiem Papier gedruckt.

Ullstein Verlag
Ullstein ist ein Verlag des Verlagshauses Ullstein Heyne List GmbH & Co. KG.
Originalausgabe
1. Auflage April 2003
© 2003 by Ullstein Heyne List GmbH & Co. KG
Lektorat: Monika A. Weißenberger
Umschlaggestaltung: Thomas Jarzina, Köln
Titelabbildung: IFA-Bilderteam, Düsseldorf
Gesetzt aus der Garamond 3
Satz: KompetenzCenter, Mönchengladbach
Druck und Bindearbeiten: Ebner & Spiegel, Ulm
Printed in Germany
ISBN 3-548-36384-9

Für Peter,
der das Buch einfühlsam begleitete

*Ich glaube fest, dass die Aufmerksamkeit und die Verehrung
für die Natur der Seele das Wesen der Kraft ausmachen.*

Clarissa Pinkola Estés

*Erlausche nur geschwind die Wesen in den Dingen.
Höre sie im Feuer singen,
im Wasser mahnen, lausche dem Wind.
Der Seufzer im Gebüsch, das ist der Hauch der Ahnen.
Die gestorben sind, sind niemals fort.
Sie sind im Schatten, der sich erhellt.*

B. Diop

Inhalt

Vorwort

Vor einiger Zeit erlebte ich eine tiefe Krise, die durch eine schmerzhafte Erkrankung ausgelöst wurde. Ich suchte den Rat der Ärzte und bekam auf meine Fragen keine Antworten. Nächtelang lag ich wach und fragte mich, wo ich Hilfe finden könnte. Von den Stationen meines Lebens hat mich gewiss die Einweihung in einen geheimen Frauenbund in Nigeria am stärksten geprägt. Dort im Urwald war mir ein Tier begegnet, dem ich mich seither verbunden fühle. Rein äußerlich habe ich wenig von einer Leopardin, doch die Krankheit ließ mich empfinden wie sie: Ich hatte das Gefühl von Schmerzen gejagt zu werden und suchte gleichzeitig nach einem Ausweg aus meinen Leiden.

Mein Krafttier schien zu mir zu sprechen und mir Mut zu machen, nicht aufzugeben: Atme tief ein und aus. Entspann dich, vergiss deine menschlichen Sorgen. Vergiss, wer du bist und stell dir vor: Du bist ich – eine afrikanische Leopardin.

Ich verlor meine Ängste und gewann neue Hoffnung. Ich wünsche Ihnen, dass es Ihnen so ergeht wie mir, wenn Sie Ihre Probleme mit den Augen einer Leopardin sehen.

Berlin, im Februar 2003   *Ilona Maria Hilliges*

Der Blick in mein Innerstes

Als ich das erste Mal nach Westafrika reiste, war ich 27 Jahre alt. Ich ging davon aus, dass mein Aufenthalt nicht viel länger dauern würde als ein gewöhnlicher Urlaub. Schließlich wollte ich lediglich einen Handel mit Gebrauchtwagen abwickeln. Mein Exmann John, ein Nigerianer, hatte ihn mit einem Darlehen meines Vaters begonnen. Ich überschätzte meine Möglichkeiten völlig und verlor während der ungeplanten Abwesenheit den einträglichen Managementjob.

Auf dem Rückflug von Lagos nach Deutschland bot mir der Chef eines deutschen Konzerns eine wichtige Position im Führungsteam seiner Zweigniederlassung in Lagos an. Nach dem vorangegangenen Desaster wirkte dieses Angebot nicht gerade wie eine Offenbarung. Ich nahm dennoch an; ich glaubte gegenüber meinem Vater die moralische Verpflichtung zu haben, das Missgeschick meines Exmannes gutmachen zu müssen.

Mit dieser Entscheidung gab ich meinem Leben eine neue Richtung. Aus den für den Autoverkauf eingeplanten zwei Wochen wurden drei Jahre.

Ausgerechnet an einem Ort, der keinerlei Romantik versprach – einer Anwaltskanzlei –, traf ich jenen Mann, der mich wie der Prinz aus einem Märchen auf Händen tragen wollte. Victor, der Sohn einer Engländerin und eines Stammeschefs aus dem Südosten Nigerias. Schon bald lud er mich zu einem Ausflug in die nordnigerianische Wüste ein und krönte die ohnehin unvergleichliche Nacht unter klarem Sternenhimmel mit einem Heiratsantrag …

Nicht einkalkuliert hatte Victor bei seiner privaten Lebensplanung, dass sein Vater ihn zu seinem Nachfolger ausersehen hatte. Richtig bewusst wurde uns beiden das erst, als Victors Vater in seinen Palast einlud. *Chief* William führte uns zur Büste seiner schon lange verstorbenen Großmutter und sagte bedeutungsvoll: »Wir stehen auf den Schultern unserer Ahnen.«

Victor war in europäischen Internaten erzogen worden; die väterlichen Traditionen waren ihm so fremd wie mir. Wenn Victor einmal den Platz seines Vaters einnehmen wollte, so blieb ihm nichts anderes übrig, als sich mit seinen afrikanischen Wurzeln auseinander zu setzen. Dies sollte gemäß *chief* Williams Wunsch in einem Einweihungslager fernab jeder Zivilisation im Delta des Niger geschehen. Eine größere Herausforderung konnte es für einen aristokratischen Feingeist, der Maßanzüge trug und dem britischen Elitesport Polo nachging, kaum geben. Doch Victor erklärte sich dazu bereit.

Wir mussten uns trennen. Meinen Prinzen erwarteten 16 Tage im geheimen Männerbund, ich sollte die gleiche Zeit im Kult der Frauen verbringen. Mit jeder Faser meines romantischen Herzens liebte ich Victor und sah in der bevorstehenden Einweihung nichts anderes als eine große, dramatische Prüfung. Nach ihrem Bestehen könnte uns nichts mehr trennen …

Einen halben Tagesmarsch von Victors Palast entfernt lag die Welt der Priesterinnen, die mich auf meine künftige Rolle als Ehefrau des nächsten *chiefs* ihres Volks vorbereiten sollten. Begleitet von meiner Übersetzerin

Ifeoma wurde ich durch einen Irrgarten voller seltsamer Figuren geführt. Sie schienen jeden abschrecken zu wollen, der sich unbefugt in ihr Labyrinth inmitten des dichten Regenwaldes wagte.

Zu Beginn der so genannten Initiation empfing die Leiterin des Kults ein paar andere Neulinge gemeinsam mit mir. Odame, eine zierliche, sehr alte Frau, sagte so leise, dass wir ganz genau hinhören mussten: »Schon lange, bevor ihr geboren wurdet, haben die Ahnen beschlossen, zu welchen Aufgaben ihr auf die Erde zurückkehrt. Mit dem Wissen um eure Bestimmung seid ihr auf die Welt gekommen. Es ging verloren. Jetzt, da ihr ein Alter erreicht habt, indem ihr Kinder bekommen könnt oder schon Kinder habt, erinnern euch die Ahnen daran.«

Die weisen Worte der Oberpriesterin schienen kaum etwas mit meinem Leben zu tun zu haben: Trotz meiner Jugend arbeitete ich seit Jahren als Managerin.

Odame entließ uns mit einer Ermahnung: »Sprecht während der Einweihung nicht über die Erfahrungen, die ihr hier macht. Eure Erlebnisse sollen von keiner zweiten Person bewertet werden. Nur dann werdet ihr innerlich wachsen.«

Die Lehrerinnen rund um die Oberpriesterin Odame wollten, dass die weiße Frau nicht nur verstand, was einer traditionsbewussten Afrikanerin wichtig war. Jeder Teil meiner Sinne sollte es erfassen, damit meine Seele es fühlte. Sie verlangten von mir einen Blick tief in mein Innerstes. Dieser Frauengemeinschaft vertraute ich mich vorbehaltlos an. Was konnte mir schon zustoßen! Ich wähnte mich sicher im Schutz Victors und seines mächtigen Vaters.

Geschichten am Feuer

Inmitten der ursprünglichen Natur gab es keine Elektrizität, kein Radio oder Fernsehen. Einzige Unterhaltung waren die abends am offenen Feuer erzählten Geschichten. Das Knacken der Zweige, die im Feuer aufplatzten, das erwartungsvolle Schweigen, bevor jemand zu sprechen begann, das grelle Kreischen eines Affen, das nie endende Zirpen der Grillen oder das laute Quaken der Kröten boten den Rahmen der Erzählungen.

Wir versammelten uns im Kreis und jemand begann mit einer Geschichte, der die anderen schweigend lauschten. Da Odame uns ermahnt hatte, nicht über die spirituellen Erlebnisse zu sprechen, die wir im Zusammenhang mit der Einweihung machten, blieb dies Thema ein Tabu. Wir kamen also zusammen, um uns abzulenken, um uns zu unterhalten.

Das dachte ich zumindest.

Mir fiel bald auf, dass in den je nach Erzählerin unterschiedlich stark ausgeschmückten Geschichten oftmals Tiere die Helden waren. Mal war es die listige Spinne, die ihre Fäden überallhin zog, sich darin zwar gelegentlich selbst verfing, aber auch wesentlich stärkere Tiere zu Fall brachte. Oder die blitzgescheite Schildkröte, die ihr schwerer Körper daran hinderte, ihre oftmals brillanten Ideen zu verwirklichen. Deshalb griff sie zur List, um ihr Ziel über Umwege zu erreichen. Selbst Hase, Chamäleon oder gar die Ziege behaupteten sich gegen Stärkere.

Eines Abends meldete sich eine Priesterin zu Wort, die ich während eines Rituals bereits näher kennen gelernt hatte. Ajira war eine kleine, sehr lebendige Frau, wie fast alle anderen Lehrerinnen etwa Ende 50 bis Ende 60. Wortreich wie es Ajiras Art war, kündigte sie eine Geschichte an, die von einem Leoparden handelte. Es war das erste Mal, dass ein Urwaldbewohner im Mittelpunkt stand, der nicht wie Spinne oder Ziege zu den Schwachen zählte.

Die ums Feuer versammelten Frauen blickten die Erzählerin erwartungsvoll an, manche tauschten kurze Bemerkungen untereinander aus über die Andersartigkeit der in Aussicht gestellten Geschichte. Ich rückte näher an Ifeoma heran, meine Freundin und Übersetzerin, die mir die Worte der Priesterin ins Ohr flüsterte. Ajira nannte ihre Geschichte:

Die magische Augenbinde

Die Sonnenglut des Mittags erhitzte die Savanne. Es war ganz still im Busch. Die Leopardin ruhte im Dickicht. Um ihre Augen trug sie eine Binde.

»Wie wunderschön. Ich kann es kaum glauben«, schnurrte sie. »Oh, wie herrlich! Das hätte ich mir niemals träumen lassen!« Sie seufzte glücklich. Neugierig und ohne Argwohn näherten sich die anderen Tiere. Da hörten sie die Leopardin ausrufen: »Was für eine herrliche, was für eine magische Augenbinde. Ich kann die wundervollsten Sachen damit sehen. Dinge, die ich mir niemals erträumt hätte.«

Die Tiere beobachteten sie staunend und flüsterten ergriffen: »Sie hat eine magische Augenbinde.«

»Niemals habe ich etwas Schöneres gesehen!«, jauchzte die Leopardin.

»Ein Wunder, ein Wunder«, rief der Hase aus. Immer mehr Tiere kamen zusammen und fragten sich: »Ob sie uns auch einmal die magische Augenbinde leiht?«

Endlich fasste sich der Hase ein Herz und bettelte: »Bitte leih sie mir! Ich möchte sehen, was du siehst!«

»Nein!«, brummte die Leopardin. »Die gebe ich bestimmt niemandem. Das ist ein Geschenk des Himmels, für mich allein bestimmt.«

»Nur für einen kurzen Moment«, flehte die Antilope. Du bekommst sie gleich zurück.«

»Wenn du die Augenbinde ausprobierst, willst du sie mir sicherlich nicht zurückgeben«, erwiderte die Leopardin.

»Sei nicht so selbstsüchtig. Gib sie mir doch, bitte.« Ein Zebra war in greifbare Nähe gekommen. Einige der Antilopen trippelten ungeduldig hin und her, während sie sich direkt neben der ruhenden Leopardin befanden.

Sie sagten: »Mit einer Augenbinde kann die Leopardin nicht mehr gefährlich und schnell sein.« Sogar die Paviane hatten sich mit ihren Jungen zu den anderen Tieren gesellt. Nur der alte Pavianvater blieb weiter skeptisch. Er wusste, dass sich das Lager der Leopardin in einer Höhle befand, wo ihre stets hungrigen Jungen warteten. Besorgt pfiff er seine Familie zurück. Doch die hörte nicht auf ihn.

Unterdessen verstieg sich die starke Pavianmutter sogar zu einer Drohung: »Gibst du mir die Augenbinde oder soll ich sie mir von dir holen?« Schon manchen Kampf hatte sie gegen ihre Widersacherin gewonnen.

Die richtete sich auf. Stolz stand sie jetzt zwischen den Tieren. Ihr Körper war entspannt, der Schwanz bog sich zwischen den Hinterbeinen. Sie zeigte sich als eine Leopardin, die nicht zum Kampf angetreten war. Sondern vielmehr durch die Augenbinde verzaubert schien.

»Ich kann mich nicht entscheiden, wer die Augenbinde zuerst bekommen soll«, wendete sie sich an die Tiere. »Wollen wir nicht abzählen, wer der Glückliche sein wird? Legt euch hin. Dann werde ich die Augenbinde demjenigen anlegen, der ausgezählt wurde.« Die Leopardin schnurrte beruhigend. »So ist es gut. Gleich wissen wir, wer die magische Augenbinde bekommt.«

Der Pavianvater beobachtete das Spiel der Leopardin mit wachsendem Unmut und rief seine Familie wütend zu sich. Der Hase erschrak und sprang davon. Einzig die Antilopen legten sich erwartungsvoll zu Boden. Das Zebra verharrte noch abwartend.

Die Leopardin blieb vor einer Antilope stehen: »Wen hat das Glück ausgesucht?« Dann nahm sie die Augenbinde ab und legte sie der Antilope an. In diesem Augenblick sprang das Zebra davon.

»Ich sehe nichts«, murmelte die Antilope ungeduldig.

Die Leopardin gab ihren wartenden Jungen bereits einen Wink mit der Schwanzspitze. »Vielleicht musst du einfach nur stillhalten und dich auf das konzentrieren, was du hinter der Binde siehst«, schnurrte sie. Die anderen Antilopen starrten ihre Gefährtin noch voller Neid an und bemerkten nicht, wie sich die Kinder der Jägerin anschlichen.

»Wir wollen es mit deiner Freundin versuchen«, meinte die Leopardin nachgiebig. Und so ließ sich auch die ihr nächstliegende Antilope vertrauensvoll die Binde anlegen.

Die jungen Leoparden stürzten sich auf die Unglückliche, die gerade die Binde verloren hatte und teilten die Beute mit ihrer Mutter. Jene mit der Augenbinde aber rannte blindlings davon.

Nach ihrer Erzählung machte Ajira eine bedeutungsvolle Pause. Dann blickte die Priesterin mit einem Lächeln in die Runde der versammelten Frauen, auf deren Gesichtern sich der warme Schein der flackernden Flammen widerspiegelte.

»Es ist die Kraft unserer Gedanken, die über die Macht des Wortes zum Pfeil des Jägers wird, der sein Ziel trifft«, sagte Ajira.

Ich sah den anderen an, dass sie sich ein wenig vor den Methoden der Leopardin ängstigten, die Ajira so anschaulich beschrieben hatte. Die Priesterin löste die Spannung: »Man sagt, dass die Antilope noch heute davon träumt, einmal mit den Augen der Leopardin sehen zu können. Aber die Ärmste rennt nur mit verbundenen Augen durch den Wald.« Wir, die wir alle im Kreis um das Feuer versammelt waren, lachten unbekümmert.

In diesem Moment erkannte ich noch nicht, dass ich über mich lachte. Ich war wie die Antilope, tapste mit verbundenen Augen durch die Welt, sprang mal hierhin, mal dorthin, war glücklich, wenn ich etwas zum Essen fand, war aber stets auf die Nähe des wesentlich wachsameren Zebras angewiesen.

Ajira hatte diese Fabel natürlich nicht nur zur Zerstreuung erzählt. Sie war eine Priesterin, die uns unterrichten wollte. Neben der Leiterin des Kults, Odame, war sie eine von vier Eingeweihten, die ihr Wissen weitergab. Die Aufgabenteilung der Lehrerinnen folgte den vier Elementen Luft, Erde, Feuer und Wasser. Ajira lehrte alles, was tatsächlich oder im übertragenen Sinne mit der Luft zu tun hatte. Dieses flüchtigste aller Elemente steht für die Kraft der Phantasie. In ihrer Geschichte spielte die Verführungskraft des Wortes die Hauptrolle. Die Fähigkeit, andere auf diese Weise in ihren Bann zu ziehen, hatte die Leopardin Beute machen lassen, ohne sich auf eine anstrengende Hatz begeben zu müssen.

Die aufwühlenden Erlebnisse während der Initiation konfrontierten mich mit meinen Ängsten, Sehnsüchten und Hoffnungen. Mit der Frage, warum tue ich mir all das an? Hat das überhaupt einen Sinn? Bin ich stark genug, um in einer völlig fremden Welt bestehen zu können?

Im Schein des Feuers huschten Tiere ins Licht, die sich wie ich in einer scheinbar ausweglosen Situation befanden; die sich aber so behaupteten wie die Leopardin in Ajiras Fabel.

Und dann traf ich dieses Wesen wirklich, von dem ich bis dahin nichts gewusst hatte.

Ich war erst wenige Tage »Auszubildende«, als mein Körper mit einer ungewöhnlichen Paste eingerieben wurde. Sie bestand aus pulverisierter Schlangenhaut, frischem Opferblut, Palmwein und allerlei ätherischen Ölen, die auf meiner Haut gleichzeitig brannten und meinen Verstand benebelten. Mit weißem Kaolin bepudert wurde ich in die Mitte des Tanzplatzes geführt. Der wilde Klang der Trommeln versetzte mich in einen eher wüsten als anmutigen Tanz. So, als wollte ich vor mir Reißaus nehmen, rannte ich blindlings davon, in die Nacht und den Urwald.

Verschreckt registrierte ich, wo ich mich tatsächlich befand: mutterseelenallein in pechschwarzer Nacht. Voller Panik drückte ich mich gegen einen Baum, rutschte daran zu Boden.

Schließlich erlöste mich der Morgen. Das sich zaghaft durch das dichte Blätterdach zu mir auf den Boden tastende Licht der aufgehenden Sonne ließ mich die Konturen eines Leoparden erkennen. Wir beide belauerten uns reglos.

Meine Nerven waren die schlechteren. Oder die besseren? Jedenfalls kam ich dem Angriff des Raubtiers zuvor. Falls es einen solchen überhaupt geplant hatte. Meine Attacke bestand in einem lauten Aufschrei, mit dem ich dem Tier entgegenschleuderte, was mir gerade in den Kopf kam. Da Katzen es überhaupt nicht ausstehen können, wenn jemand schreit, nehme ich an, dass für eine Großkatze das Gleiche gilt.

Mit einem eleganten Sprung entwich der Leopard meinem Blick. Endlich konnte ich meinen Baumposten verlassen und kämpfte mich aus dem Dickicht heraus. Ich erkannte irgendwann den schimmernden Schein einer Wasserfläche und lief darauf zu. Der Leopard war vor mir angekommen. Den muskulösen Leib federnd vorgebeugt trank er aus dem Fluss. Jetzt sah ich es: Es war kein »er«, sondern eine »sie«, eine bildschöne Leopardin.

Meine Kehle brannte vor Durst. Ich kannte die Warnung vor nicht abgekochtem Wasser und zögerte. Sie blickte zu mir auf, musterte mich kurz und trank weiter. Ich verstand das als Zeichen: Was für mich gut ist, kann dir nicht schaden. Wenige Augenblicke später sprang sie mit einem gewaltigen Satz davon. Ich blieb zurück. Fasziniert von diesem schönen Tier. Aber auch zutiefst verwirrt.

Meine Begeisterung für dieses Erlebnis wurde getrübt durch die Erkenntnis, dass den Priesterinnen mein Wohlergehen nicht sonderlich am Herzen zu liegen schien. Wie sonst konnten sie zulassen, dass ich die Nacht allein im Urwald zubrachte und möglicherweise von Tieren angegriffen wurde.

Durch die Übersetzerin Ifeoma bat ich meine Lehrerin Ajira um Erklärung. Sie gab mir eine Antwort, die mich sprachlos machte: »Bist du sicher, dass die Leopardin nicht sogar über deinen Schlaf gewacht hat? Und hat sie dir nicht den Weg zum Wasser gezeigt?«

Mit Fortschreiten der Einweihung in die Riten des Kults lernte ich Laya kennen. Für ein Opferfest hatte sie eine Ziege aus dem Dorf geholt, die sie am Strick mit sich führte. Es war heller Tag, nicht die Jagdstunde für Leoparden. Die Ziege schien dem Raubtier eine leichte Beute zu sein. Durch die erste Begegnung gewitzt, reagierte ich entsprechend lautstark und ging auch aus diesem Treffen als Siegerin hervor.

»Du bist mit dem Leopard verbunden«, sagte Laya, »nur du konntest einen Angriff verhindern.«

Seit diesem Zwischenfall machte in den Hütten des Einweihungslagers mein Spitzname die Runde: Ich war nun »die Leopardenfrau«. Da ich nach diesen Begegnungen begonnen hatte, von der Leopardin zu träumen, lauschte ich besonders gebannt, wenn dieses Tier Mittelpunkt der nächtlichen Erzählungen war. An einem Abend saß ich ziemlich erschöpft gemeinsam mit den anderen Frauen im Kreis um das Feuer. Wir hatten den Tag damit zugebracht, mühsam Yams-Wurzeln aus dem Boden zu graben.

Die große hagere Priesterin Urika erhob ihre Stimme. Sie lehrte alles, was uns das Element Feuer nahe bringen sollte. Von ihr erfuhr ich, dass das Feuer zum Beispiel auch die Lust am Erzählen weckt. Urika war in diesem Sinne die Patronin der nächtlichen Treffen. Sie erzählte so lebendig, dass meine Müdigkeit im Nu verflog:

Das Wasser des Schlafs

Heiß brannte die Sonne vom wolkenlosen Himmel. Die Leopardin hatte auf einer Astgabel im Schatten eines Baums geruht. Als sie die Augen aufschlug, bemerkte sie, dass unter ihr Zebras, Antilopen, Warzenschweine, Gazellen, Springböcke und Hasen vorbeiliefen. Sie schienen alle in Eile zu sein. Die Leopardin hielt Ausschau, konnte aber nicht den Anlass der Wanderung entdecken. Sie wählte einen nur ihr bekannten Weg, um dorthin zu gelangen, wohin die Tiere strömten. Mitten auf einer Lichtung hatten sich die Bewohner der ausgedörrten Savanne im Kreis versammelt und beratschlagten. In ihrer Mitte stand eine große Kalebasse. Die Leopardin spitzte ihre Ohren, um zu erlauschen, warum sich niemand an das Gefäß heranwagte.

»Wer mag das Wasser dort abgestellt haben?«, fragte der Springbock und trippelte unruhig.

»Als ich kam, stand es schon dort«, sagte das Zebra.

»Wir sollten es trinken und nicht lange fragen«, schlug das Warzenschwein vor.

»Es könnte vergiftet sein«, warnte der Hase.

»Jemand muss von diesem Wasser probieren. Sonst stehen wir davor und kommen dennoch vor Durst um«, stellte die Antilope fest.

»So mache den Anfang«, hüstelte der nervöse Springbock.

»Und wenn es nun doch vergiftet ist?«, fragte die Antilope bang.

Das Warzenschwein wagte sich mutig hervor. »Ich werde es auf mich nehmen und kosten.«

»Nein, du nicht!«, widersprach die schlanke Gazelle. »Du bist nicht rein, du sollst als Letzte trinken.«

Niemand von den anderen brachte den Mut auf, den Anfang zu machen. Die Leopardin beschloss, der Sache auf den Grund zu gehen und lief geduckt durch das von der Sonne ausgebleichte Gras. Sie entdeckte auf dem staubigen Boden bald die Spuren der Löwin. Sie führten geradewegs zur Mitte der Lichtung und wieder zurück.

In ihren Streit vertieft bemerkten die Tiere die Leopardin nicht. Die begab sich selbstbewusst mitten hinein in die Versammlung.

»Darf ich euren Streit schlichten?«

Ein Durcheinander von Stimmen antwortete ihr. Schließlich setzte sich das Warzenschwein durch und sagte: »Die Leopardin soll das Wasser probieren. Sie ist klug und wird uns warnen, wenn es vergiftet ist.«

Die Leopardin ließ ihren Blick in die Runde schweifen. »Ich muss nicht aus dieser Kalebasse trinken, um zu wissen, dass das Wasser darin vergiftet ist.«

Zuerst schwiegen die Tiere verwirrt. Dann entgegnete das Zebra, das Gefahren zuerst wittert: »Du willst uns täuschen und das ganze Wasser allein trinken!«

»Oh nein«, hielt die Leopardin dagegen, »seht ihr denn nicht die Spuren der Löwin? Sie hat die Kalebasse aufgestellt, damit ihr davon trinkt. Sobald ihr es getan habt, fallt ihr in tiefen Schlaf und sie wird euch fressen.«

Neugierig und misstrauisch zugleich untersuchten die Tiere die Spuren der Löwin. »Sie hat Recht«, stellte das Zebra schließlich fest. »Die Leopardin hat uns gewarnt.«

»Du bist die Klügste von uns allen«, riefen die Tiere im Chor. Dann rannten sie in alle Winde davon, damit die Löwin sie zu guter Letzt nicht doch noch fangen konnte.

Die Leopardin beugte sich über das Wasser und trank es genüsslich in kleinen Schlucken. Jetzt näherte sich die Löwin. »Vielen Dank, dass du dir die Mühe gemacht hast, die schwere Kalebasse hierher zu tragen«, sagte die Leopardin und strich sich ihre langen Barthaare glatt.

An dieser Stelle beendete Urika ihre Erzählung. Meine Freundin Ifeoma blickte die Priesterin überrascht an.

»Warum hat die Leopardin keines der Tiere gefressen, wenn sie doch so nah waren?«, fragte sie.

Urika lächelte weise: »Weil sie nie die nächstliegende Gelegenheit ergreift. Wasser ist selten in der Savanne. Beute hingegen gibt es für die Leopardin genug. Indem sie die List der Löwin zu ihrem Vorteil ausnutzte, konnte sie sich an dem Wasser laben. So gestärkt wird sie hinterher umso erfolgreicher jagen können.«

Wie Ifeoma hatte ich auch mit einem ganz anderen Ausgang der Geschichte gerechnet. Die überraschende Wendung konfrontierte mich erneut mit meinem eigenen Los während der manchmal entbehrungsreichen Ausbildung. Doch nach jeder durchlittenen Prüfung fühlte ich in mir eine große Zufriedenheit, dass ich bestanden hatte, obwohl die Vorzeichen so ungünstig gewesen waren. Hatte ich mich einer neuen Probe auszusetzen, so machte mir die Erinnerung an die letzte Mut.

Es war wie mit dem »Wasser des Schlafs«: Die Leopardin schlug die günstige Gelegenheit eines raschen Jagderfolgs aus, um ein so einfach anmutendes Ziel zu erreichen wie das Trinken des Wassers. Urikas Fabel schien uns sagen zu wollen, dass ein kluger Verzicht ausgeglichen wird durch später umso reichere Beute.

Ajiras und Urikas Leoparden-Fabeln spielten nicht im Regenwald, in dem wir uns aufhielten, sondern in den Weiten der afrikanischen Savanne. Denn beide Priesterinnen hatten vor ihrem Eintritt in die von Odame gegründete Frauengemeinschaft in waldärmeren Gegenden Nigerias gelebt.

Oke hingegen, eine kräftige Frau mit zupackenden Händen, stammte aus dem Delta des Niger. Sie, die schon durch ihre äußere Erscheinung die Bodenständigkeit eines sesshaften Menschen verkörperte, lehrte die Initiandinnen alles, was mit dem Element Erde in Verbindung stand. Dazu gehörte die Hausarbeit ebenso wie das Bestellen der Felder. Weil ich bis heute weder für das eine noch das andere wahre Begeisterung entwickeln kann, war das Verhältnis zu Oke möglicherweise unbewusst von Beginn an durch Spannungen gezeichnet.

Als Oke eine Fabel zur abendlichen Runde um das Feuer beitrug, ergriff ich instinktiv die Hand meiner Übersetzerin Ifeoma. Oke nannte ihre Leoparden-Geschichte:

Wie der Leopard seine Flecken bekam

Als Gott die Tiere erschuf, wollte er, dass sie alle gleich sind. Deshalb gab er allen das gleiche Fell. Braun wie die Erde, aus der sie hervorgegangen waren. Doch er hatte jedem eine besondere Fähigkeit mitgegeben. Dem Affen flinke Beine und Arme, damit er von den höchsten Bäumen Ausschau halten konnte. Dem Hasen flinke Pfoten, um sich unterirdische Höhlen bauen zu können. Dem Leoparden verlieh Gott den Spürsinn, um sich allein auf die Suche nach neuen Futterstellen zu machen.

Doch die Tiere vertrugen sich nicht. Ständig stellte eines dem anderen nach. Der Affe nutzte seine flinken Glieder, um zu stehlen, und der Leopard seine Intelligenz, um die anderen zu täuschen. Da Affe und Hase gemeinsam unter der Überlegenheit des Leoparden litten, beratschlagten sie, wie sie ihm einen Denkzettel verpassen könnten. Sie beschlossen, ein großes Loch zu graben, in das der Leopard tatsächlich hineinfiel. Das sollte ihn lehren, sie nicht hinters

Licht zu führen. Die Grube war mit Schlamm gefüllt und das braune Fell des Leoparden wurde mit Spritzern bedeckt.

Gott sah, dass sich nun eines der Tiere von den anderen unterschied. Er beschloss, jedem die Farbe zu geben, die ihm entsprach. Das Gesäß des Affen färbte er rot, damit jeder den frechen Dieb schon von Ferne erkannte. Dem Hasen ließ er das Braun der Erde, in der er sich so gern versteckte. Als Gott sein Werk beendet hatte, fragte er die Tiere, ob sie mit seiner Wahl zufrieden wären.

Zum Schluss kam die Reihe an den Leoparden und Gott sagte: »Du bist der Einzige, der die Verantwortung für sein Aussehen trägt. Deine Flecken erinnern alle Tiere an deine Intelligenz und Schlauheit und warnen gleichzeitig davor.«

Als Oke ihre Fabel beendet hatte, machte sich unverzüglich Zustimmung breit. Die Geschichte klang einleuchtend und bedurfte keiner weiteren Erklärung. Jemand, der sich wie der in Afrika ohnehin als Dieb verschrieener Affe nahm, was ihm nicht gehörte, verdiente eine auffällige Markierung. In dem von Oke gewählten Bild hatte der Leopard sich seine Kennzeichnung als listenreicher Jäger selbst zuzuschreiben. Da ich begonnen hatte, große Sympathie für die Leopardin zu empfinden, ließ mich diese Geschichte nicht mehr los. Nicht nur, weil sie erstmals die Schattenseiten der Großkatze thematisierte.

Es hatte mich zwar niemand darauf angesprochen, dass ich die einzige weiße Frau war, die sich der Initiation stellte, trotzdem bemühte ich mich nach Kräften darum, meine Herkunft durch den Willen zu Teamgeist auszugleichen. Denn nach der gemeinsam mit den Frauen verbrachten Zeit erwartete mich ein Leben in herausgehobener Position. Als Frau des künftigen Stammesführers konnte ich nur bestehen, wenn ich trotz meiner privilegierten Stellung als Europäerin und Ehefrau eines einflussreichen Mannes bescheiden und umsichtig war.

Wollte Okes Fabel mich, die man »die Leopardenfrau« nannte, darauf hinweisen? Die Prüfungen, die die Erdpriesterin mir stellte, waren die schwersten. Manchmal glaubte ich, ich sollte an unüberwindliche Grenzen stoßen.

Inzwischen halte ich Okes Fabel bei aller Schlichtheit der Vergleiche für sehr zutreffend: Der aus vermeintlicher Überlegenheit entspringende Hochmut kann das Verderben des Leoparden bedeuten. Wann immer ich in meinem Leben gescheitert – sprich: in eine Grube gefallen bin – musste ich früher oder später erkennen, dass ich daran zum Großteil selbst die Schuld trug. Die Schlammspritzer auf meinem imaginären Fell trage ich heute noch. Meine Versuche, sie fortzuwischen, waren vergeblich. Okes Geschichte hat mich gelehrt, sie als Teil meiner Haut zu begreifen: Ich sehe sie an und sie ermahnen mich, meinen Hochmut im Zaun zu halten.

Während der Zeit meiner Initiation war Kome die jüngste der Priesterinnen. Sie hatte ihre Ausbildung zur Lehrerin des Elements Wasser erst kurz zuvor abgeschlossen. Dem Wasser, das innerhalb meiner »Lehrzeit« den letzten Einweihungsabschnitt darstellte, wiesen die weisen Frauen die höchste Bedeutung zu: Es steht für Fruchtbarkeit, Reinheit, Klarheit und Ausgleich. Zu wenig Wasser bedeutet jedoch Dürre und damit Hungersnot, zu viel führt zu Überschwemmung und Vernichtung der Aussaat oder Ernte. Die Göttin, die dem ganzen Kult ihren Namen gegeben hatte, hieß Mammy Water. Die »Mutter des Wassers« bringt wie alle Götter des alten afrikanischen Glaubens sowohl Segen wie Verderben.

Die damals etwa 55-jährige Kome, eine liebeswürdige, Sinnlichkeit ausstrahlende Frau, hielt sich in Anwesenheit der älteren Wissenden meistens mit ihren Äußerungen zurück. Ganz wie es das ausgleichende, das »diplomatische« Element Wasser verlangt. Auf ihre leise Art brachte sie zum Ausdruck, dass ich ihre volle Unterstützung genoss.

Wenn Kome sich im Kreis der um das Feuer versammelten Frauen zu Wort meldete, trug sie Amüsantes vor. Eines Abends erzählte Kome jedoch eine Fabel, die sich in zwei wichtigen Punkten unterschied. Darin trat nicht nur ein Mensch auf, sondern auch eine Leopardin, die sich in einen Menschen verwandeln konnte. Schon als die Priesterin Kome den Titel sagte, beugten sich alle gebannt vor:

Der Jäger und die Leopardenfrau

Fola, der Jäger, war ein von allen Mitgliedern seines Dorfes respektierter Mann. Er hatte vier Frauen. Doch keine gebar Fola einen Nachkommen. Die Leute begannen über seine Manneskraft zu reden. Er war unglücklich, denn nur Kinder sichern den Fortbestand des Lebens. Also rief Fola den Gott der Jäger zu Hilfe. Er versprach, ihm das Fell eines Leoparden zu opfern, wenn der Schutzgeist ihm im Gegenzug Nachkommen schenkte, die später dem Jagdgott dienen sollten. Der Gott erhörte den Wunsch des Menschen und schon bald wurden alle vier Frauen schwanger.

Glücklich zog der Jäger durch die Wälder und erzählte den Tieren, dass er demnächst einen Leoparden erlegen werde. Er wolle nur noch so lange warten, bis seine Frauen die Kinder zur Welt gebracht hatten. Die Nachricht von Folas Plänen machte die Runde. Auch die Schildkröte hörte davon. Geduldig wartete sie so lange, bis sie den Jäger im Wald antraf, die Flinte im Anschlag. Denn der Tag war gekommen, an dem Folas Frauen ihre Kinder zur Welt gebracht hatten; und er musste das dem Jagdgott gegebene Versprechen erfüllen. Denn sonst hätte der Schutzgeist das Recht gehabt, die Kinder wieder zu nehmen. Doch der Jäger fand keinen Leoparden, den er schießen konnte.

»Kann ich dir behilflich sein?«, fragte die Schildkröte.

»Ich suche einen Leoparden«, antwortete Fola. »Ich bin schon lange unterwegs. Aber ich kann keinen Leoparden entdecken.«

»Sorge dich nicht. Ich werde dir morgen zeigen, wo die Leopardin mit ihren Jungen lebt.« Die Schildkröte nannte einen Treffpunkt, an dem der Jäger sie erwarten sollte. Am nächsten Tag trafen sich die beiden dort. Die Schildkröte führte den Jäger zu einer Höhle.

»Geh nur hinein«, forderte die Schildkröte Fola auf. »In der Höhle befinden sich die drei Jungen der Leopardin. Sie sind allein. Ihre Mutter ist unterwegs, um ihnen etwas zum Fressen zu holen. Nimm die Jungen und bring sie in dein Dorf. Dort kannst du sie schlachten und ihr Fell deinem Gott opfern.« Und so geschah es.

Als die Leopardin von der Jagd zurückkehrte, fand sie die Höhle verlassen. »Wo sind meine Kinder? Was ist geschehen?«, klagte sie laut.

Die Schildkröte kroch näher, verneigte sich tief vor der

verzweifelten Leopardin und sprach: »Der Jäger ist gekommen und hat sie mitgenommen. Er hat sie ins Dorf gebracht, um sie dem Gott der Jagd zu opfern.«

Die Leopardin eilte zur Siedlung der Menschen. Sobald das Dorf in Sichtweite lag, sprang sie in einen Busch und verwandelte sich in eine schöne Frau. In dieser Gestalt fragte sie sich zu Fola, dem Jäger, durch.

An seinem Haus angekommen, vor dem die Felle ihrer drei Kinder in der Sonne trockneten, fragte die Leopardin: »Bist du der große Jäger, von dem so viele Heldentaten berichtet werden?«

»Der bin ich«, prahlte Fola mit vor Stolz geschwellter Brust. »Ich habe die Leoparden geschlachtet. Komm herein, speise und trink mit mir.«

Die Leopardin schlug das Mahl aus und gab sich mit einer Schüssel Brei zufrieden. Danach blieb sie einige Tage in der Hütte des Jägers und teilte mit ihm das Bett.

Am fünften Tag aber sagte sie: »Ich muss gehen. Willst du mich nicht ein Stück des Weges begleiten?«

Fola wollte das Dorf nicht verlassen, ohne seine schützenden Amulette angelegt zu haben und seine Flinte mitzunehmen.

»Du sollst nicht zum Jagen aufbrechen, wenn du eine schöne Frau begleitest«, sagte die Leopardin. »Lass deine Sachen hier.«

»Sie sind mein Schutz«, erklärte Fola. »Ich gehe nie ohne sie.«

»So begleite mich nur bis zum Rand des Waldes. Bis dorthin wird dir nichts geschehen.« Fola willigte ein.

Am Waldrand angekommen sprach die Leopardin zum Jäger: »Warte hier noch einen Augenblick. Ich bin gleich zurück. Ich will dir etwas zeigen.« Mit diesen Worten verschwand die schöne Frau, die sie eben noch gewesen war, hinter den Sträuchern. Wenig später sprang sie in ihrer ursprünglichen Gestalt hervor.

Der Jäger war wehrlos ohne seine Flinte und die schützenden Amulette, die der Gott der Jagd ihm gegeben hatte. So fiel die Leopardin über ihn her und tötete ihn.

Nachdem Kome ihre Geschichte beendet hatte, herrschte ratloses Schweigen. Mich wunderte, dass ausgerechnet die zurückhaltende Kome eine solche Fabel erzählte, die voller Grausamkeit war. Ich traute mich jedoch nicht, dies im Kreis der Versammelten zu sagen. So überließ ich es den anderen, Kome Fragen zu stellen. Ich hörte aus Ifeomas Übersetzung heraus, dass sie die List der Leopardin verurteilten. Vor allem warf man der Leopardin vor, dass sie mit einem Mann das Lager geteilt hatte, der ihre Kinder getötet hatte. Kome klärte an jenem Abend nicht auf, warum sie ausgerechnet diese Geschichte erzählt hatte.

In der darauf folgenden Nacht träumte ich so intensiv wie nie zuvor von der Leopardin, die mir im Wald begegnet war. Da die Träume jedoch ebenso wie die spirituellen Erfahrungen unter Odames Schweige-Gebot fielen, konnte ich Kome nicht darauf ansprechen. So blieb mir nichts anderes übrig, als mich bei der nächsten Gelegenheit mit ihr über die Fabel zu unterhalten.

Die Priesterin, die etwa das Alter meiner Mutter hatte, schien meine Absicht genau zu durchschauen. »Wie mag sich die Leopardin auf dem Lager des Jägers gefühlt haben?«, fragte Kome anstatt mir zu antworten«.

»Dass sie den Jäger später getötet hat, zeigt, welchen Hass sie für ihn empfunden hat. Also wird sie furchtbar gelitten haben«, sagte ich.

»Was wollte ich euch mit dieser Geschichte dann also sagen?«, hakte die Priesterin nach.

»Dass wir leiden müssen, um irgendwann einen Sieg davontragen zu können?«

Komes Lächeln schien nicht mir zu gelten. »Die Geschichten, die du im Kreis am Feuer hörst, weisen dir den Weg«, sagte sie. »Manchmal ist er so wie der jener Leopardin aus meiner Fabel: hart und ungerecht. So kommt es dir jedenfalls vor. Doch mit jedem Schritt, den du tust, kommst du deinem Ziel näher.«

Was war das Ziel? Ich konnte es so wenig erkennen wie den Weg aus dem Urwald, in den ich hineingerannt war. Mein Spitzname »die Leopardenfrau« ergab keinen Sinn. Außer, dass ich dieses anmutige, starke und gleichzeitig scheue Tier bewunderte, vor dem die anderen Frauen sich fürchteten.

An einem der letzten Abende trug Kome eine Fabel vor, die von der Suche nach dem Wasser handelte, diesem lebenswichtigen Element:

Die hinkende Hyäne

Es war die Zeit der Dürre und des großen Hungers. Seit Tagen hatte die Leopardin nichts getrunken und gegessen. Auf ihrer langen Wanderung traf sie die Hyäne.

»Ich bin schwach«, klagte die Hyäne. »Ohne deine Hilfe werde ich verhungern und verdursten.«

»Folge mir«, sagte die Leopardin.

Endlich kamen sie an ein großes Wasserloch. Es war gefüllt mit köstlichem Nass. Doch dort hatte sich eine Gruppe starker Büffel versammelt.

»Teilt das Wasser mit uns«, bat die Leopardin.

»Es ist nicht genug da«, sagten die Büffel und senkten ihre Hörner bedrohlich. Die Leopardin fürchtete ihre spitzen Waffen und zog sich zurück. Die Hyäne jedoch rannte zum Wasserloch, durch die Herde der wütenden Büffel hindurch. Ihre Hörner verletzten sie. Da bekamen die Büffel Mitleid mit der Hyäne und ließen sie trinken. Hinkend kehrte die Hyäne zurück und schlief erschöpft ein. Die Leopardin jedoch schlich sich im Schutz der Dunkelheit an den Büffeln vorbei und trank.

So ging es die folgenden Tage: Die Hyäne humpelte zum Wasserloch, wo sie ihren Durst stillen durfte. Die Leopardin wartete bis zum Einbruch der Nacht und trank dann.

Seit diesem Tag folgt die Hyäne hinkend der Leopardin. In der Hoffnung, dass sie eine neuen Quelle entdeckt.

Wegen ihres Verhaltens genießen Hyänen geringes Ansehen, sie gelten als falsch und hinterhältig. Obwohl die wenigsten der versammelten Frauen jemals einer Hyäne begegnet sein mochten, zeigte ihre Reaktion auf Komes Fabel diese Abneigung deutlich. In den Geschichten, die sie sich erzählten, zogen sie über die stinkende, bucklige Knochenbrecherin her. Kome schien ihr Ziel erreicht zu haben: Der Abend wurde lustig.

Später setzte sich Kome zu mir. »Die Hyäne ist ebenso hartnäckig in der Verfolgung ihres Ziels wie die Leopardin«, sagte die Priesterin. »Sie sollte deshalb stets auf der Hut sein. Sie wird die Hyäne, die ihr wie ein verzerrter Schatten folgt, niemals ganz abschütteln können.«

Die freundliche Priesterin hatte mir auf ihre Weise eine klare Botschaft gegeben. Die ich nicht entschlüsseln konnte: Ich sah nirgends Hyänen. Doch ich hatte verstanden, dass die Geschichten am Feuer, wenn ich sie nur richtig auslegte, zum Verständnis meines eigenen Lebens gedacht waren.

Während ich für eine mir gestellte Aufgabe etwas am Fluss suchte, nahm ich dort die Oberpriesterin des Kults wahr. Obwohl Odame eine zierliche Person war, strahlte sie eine unvergleichliche Würde und Autorität aus. Ich verneigte mich tief vor ihr. Die alte Frau nahm meine Demutsbezeugung ohne Verwunderung zur Kenntnis und deutete auf den Platz neben sich.

»Setz dich, Tochter von Mammy Water, rede. Ich höre dir zu. Dein Herz ist voller Worte. Lass sie hinaus«, forderte sie mich auf. Welche Wohltat, eine unbedarfte Schülerin so großzügig anzuhören. Ich brach das von ihr aufgestellte Tabu und erzählte auch aus meinen Träumen. Warum zog es mich ausgerechnet zu einem Tier hin, das ich erst an diesem Ort kennen gelernt hatte?

Die weise Odame dachte eine Weile nach. »Du bist der Leopard, der in der Nacht jagt. Der Leopard jagt nicht gern am Tag. Die Dunkelheit ist sein Schutz«, antwortete die Priesterin in ihrer zurückhaltenden Art. »Deine Dunkelheit ist das, was du nicht weißt. Du läufst hinein in die Dunkelheit. Du beginnst zu sehen in der Dunkelheit. Du beherrschst die Dunkelheit.«

Odame hatte die von ihr aufgestellten Regeln des Schweigens nicht gebrochen. Sie hatte mir lediglich einen Hinweis gegeben. Mir die Richtung gewiesen. Doch ich war erst Ende zwanzig und weit davon entfernt, »die Dunkelheit zu beherrschen«.

Auf Dornen ruhen

Vierzehn Jahre nach meiner Einweihung in den Mammy-Water-Kult kehrte ich an diesen mystischen Ort zurück. Um meine Erinnerung aufzufrischen und um Antworten auf Fragen zu bekommen, die mich quälten. Die Regenzeit war gerade vorbei, die Bäume entfalteten ihr üppig grünes Dach. Odame hatte die Leitung des Kults in die Hände von Kome übergeben. Mit ihr saß ich so wie mit Odame Jahre zuvor am heiligen Fluss. Das braune, trübe Wasser trieb Äste vor sich her, mit denen kleine Strudel spielten. Wir beide sahen gedankenverloren auf den zu einem Strom angeschwollenen Seitenarm eines noch viel mächtigeren Gewässers.

Kome hörte mir zu, beantwortete aber so wie damals kaum eine meiner Fragen direkt. Statt dessen sagte sie: »Unser Leben gleicht der Fahrt mit einem Schiff auf dem Fluss vor uns. Manchmal kentert unser Boot und wir verlieren Hab und Gut. Aber unser Boot hält. Wir schöpfen das eingedrungene Wasser heraus, nehmen wieder darin Platz, um die Fahrt fortzusetzen. Wir lernen, wenn wir Glück haben, aus unseren Fehlern, die das Boot umkippen ließen. Vielleicht wiederholen wir auch den Fehler und machen es erst das nächste Mal besser. Wir gelangen an unser Ziel. Das ist unser Leben.«

Ich fragte Kome, woher ich die Kraft nehmen könne, um mein Boot immer wieder aufzurichten.

»Es ist alles in dir«, antwortete die Priesterin. Ich sah sie wohl etwas ratlos an. Und Kome fügte hinzu: »Erinnere dich an das, was du hier gelernt hast, Tochter von Mammy Water.«

Schon bevor ich zu dieser Reise aufgebrochen war, hatte ich mich oft abgespannt gefühlt und Schmerzen im ganzen Körper gehabt. Die aufwühlende Begegnung mit meiner Vergangenheit ließ mich mein Unwohlsein vergessen. Umso stärker kehrte das rätselhafte Leiden in Deutschland zurück. Ich raffte mich stets wieder auf, obwohl mir dazu fast die Kraft fehlte.

Die konsultierten Ärzte konnten nichts Konkretes diagnostizieren. Manche hielten mich gar für eine Simulantin. Ich spürte jedoch, dass mein Körper und nicht meine Seele erkrankt war. Um halbwegs schmerzfrei leben zu können, musste ich mich völlig umstellen, lieb gewonnene Gewohnheiten aufgeben. Ich wehrte mich gegen den Gedanken an Veränderung und Einschränkung.

In dieser Zeit begann ich wieder intensiv von der Begegnung mit »meiner« Leopardin zu träumen. In einem dieser Träume sah ich sie auf einer Akazie ruhen. Ich trat näher und sah, dass die Zweige des Baums übersät waren mit Zentimeter langen Dornen. Die Leopardin entspannte sich darauf wie auf einem Mooskissen.

Wieso spürst du die Dornen nicht, fragte ich.

Die Leopardin sah mich schweigend an. Ihr Blick war so klar und rein wie ein stiller See. Sie streckte sich, als gäbe es nicht die Dornen, auf denen sie ruhte, und gähnte ausgiebig. Dann sprang sie mit einem elastischen Satz von ihrem Ausguck herunter zu mir auf den Boden.

In meinem Traum wich ich nicht einmal zurück, sondern beobachtete sie voll Neugier. Das warme Licht der Sonne spielte mit den Flecken, die das Fell der Leopardin musterten. Mit geschmeidigen Bewegungen entfernte sich die Prinzessin des Urwalds, anmutig und voller Würde. Nach ein paar Schritten blieb sie stehen, eine Pfote leicht angehoben, und wandte den Kopf in meine Richtung.

Was ist, hörte ich sie fragen, willst du mir nicht folgen? So wie damals?

Ich weiß nicht, ob ich das noch einmal kann, entgegnete ich voller Zweifel.

Was ist so anders als bei unserer ersten Begegnung, fragte sie und ich spürte, dass ihre Verständnislosigkeit nur gespielt war. Sie musterte mich abschätzend und fragte: Ist es, weil unser Treffen diesmal nicht wirklich in einem Urwald stattfindet? Sie wartete meine Antwort nicht ab: Du führst jetzt ein anderes Leben, in einer anderen Welt. Doch du hast das Gefühl, auf Dornen gebettet zu sein. Darum hast du mich gerufen, damit ich dir erkläre, wie du es auf deinen Dornen aushalten kannst.

Und, fragte ich, was ist dein Rat?

Sie zupfte sich mit ihrer rauen Zunge einen langen Dorn aus der Flanke. Ich sah, dass sie an dieser Stelle eine mehrere Zentimeter lange Narbe hatte, die von einem schweren Kampf zeugte. Für einen Moment klappte sie die Krallen an ihrer weichen Tatze aus und streifte daran den Dorn ab, der an ihrer Zunge geklebt hatte. Dann versteckte sie die Krallen wieder im Pelz ihrer Pranke. Der Dorn fiel zu Boden.

Es sind nicht die Dornen, die mir ein Problem bereiten, sondern diese alte Narbe ist zu empfindlich. Aber du siehst, ich werde damit fertig, sagte die Leopardin.

Die Dornen bohren sich in deine Narbe. Trotzdem

legst du dich auf die Akazie, stellte ich kopfschüttelnd fest.

Niemand sonst wagt sich auf den Dornbusch. Somit wird mich kein Feind angreifen. Zudem habe ich von dort den besten Überblick.

Dann sind die Dornen also das kleinere Übel?

Du beginnst mich zu verstehen, erwiderte die Leopardin und ihre grünen Augen funkelten im Sonnenlicht. Erinnerst du dich? Bei unserer ersten Begegnung hattest du dich im Urwald verirrt. Ich habe dich hinausgeführt zum Wasser. Begleite mich jetzt ein Stück auf meinem Weg und du wirst lernen, die Dinge mit meinen Augen zu sehen.

Ich folgte meiner Traum-Verbündeten geradewegs hinein in den Urwald. Es wurde dunkel um mich herum. Während ich mich mühsam durch das dichte Gestrüpp kämpfte, meldete sich eine Stimme zu Wort. Sie sprach so leise, dass ich glaubte, sie käme aus weiter Ferne. Gebannt lauschte ich.

»Immer wieder gehst du los, verirrst dich, suchst einen neuen Weg. Du findest hinaus aus der Dunkelheit. Du siehst, aber du weißt es nicht. Wenn du es weißt, siehst du wieder.«

Allmählich tauchte aus der Schwärze meines Vergessens das Gesicht Odames auf. Ich wurde zu der jungen Frau, die verwirrt und aufgewühlt bei der so viel älteren Weisen um Rat gesucht hatte.

»Warum muss ich der Leopardin folgen?«, fragte ich.

»Vertrau ihr«, sagte Odame. »Sie hat dich damals richtig geführt. Folge ihrer Fährte. Dann wirst du die Stärken der Leopardin in dir entdecken. Sie sind verborgen wie ein zartes Kleid, das von einem groben Arbeitskittel bedeckt wird. Aber es ist da, dieses Kleid. Du siehst es nur nicht, wenn du in den Spiegel blickst.«

Ich zögerte noch. »Eine Leopardin ist kein Mensch«, wendete ich scheu ein. »Sie jagt und pirscht, reißt andere Tiere.«

Meine Lehrerin aus vergangenen Zeiten nickte bedächtig. »Du hast, scheint mir, von der Leopardin ein falsches Bild. Du siehst in ihr die Jägerin, die stets siegt. Aber bedenke, dass jeder Sieg mit einer Reihe von Niederlagen errungen werden will. Diese Niederlagen sollen dich nicht schwächen, sondern stärken. Die Leopardin zieht sich nach einem verlorenen Kampf oder der erfolglosen Jagd nicht nur zurück, um ihre Wunden zu lecken, sondern überlegt, wie sie trotz ihrer Verletzung mit neu gewonnenen Erkenntnissen weitermachen kann«. Odame schenkte mir ein Lächeln und fuhr fort:

»Jedes Wesen auf dieser Welt steht vor ähnlichen Herausforderungen, egal ob Mensch oder Tier. Wir Menschen tun uns nur deshalb schwerer, damit zurechtzukommen, weil wir im Gegensatz zu den Tieren vergessen haben, auf unsere Instinkte zu hören, die wir Intuition nennen.« Die Priesterin deutete mit einer sparsamen Bewegung auf den Wald hinter uns. »Nun geh und horch auf das, was die Leopardin dir zu sagen hat. Wenn du nicht mehr weiter weißt, so komme zu mir. Ich werde dir gemeinsam mit den anderen Priesterinnen erklären, was du nicht verstehst.«

»Sind sie denn alle hier?«, fragte ich verwundert.

»Wir alle sind deine Ratgeberinnen«, antwortete Odame.

Ich erhob mich, verneigte mich zum Abschied tief und machte mich auf die Suche nach der Leopardin.

Meine Verbündete ruhte wieder auf ihrem Dornbusch. Sie hatte mich erwartet.

Bist du nun bereit mir zu folgen, fragte sie.

Wohin sollen wir gehen?

Nirgendwohin, lautete ihre Antwort. Wir reisen in Gedanken in meine Welt, damit du mich besser kennen lernst. Nimm in meiner Nähe auf dem Boden Platz. Ich werde dir eine Geschichte erzählen.

Atme tief ein und aus. Entspann dich, vergiss deine menschlichen Sorgen. Vergiss, wer du bist, und stell dir vor: Du bist ich – eine afrikanische Leopardin.

Die Sonne scheint vom tiefblauen Himmel, ein leichter Wind streichelt dein Fell. So wie ich liegst du auf einem Akazienbaum in einem Bett aus Dornen. Von deiner Position im Baum siehst du die Sonne untergehen. Intensiv leuchten die Farben der Natur. Dies ist dein Revier, du bewohnst es schon lange. Du kennst jeden Strauch, jeden Baum, jedes Versteck. Diese Gegend hat dich lange gut ernährt. Doch die Zeiten haben sich geändert. Seit Tagen hast du nichts mehr gefressen. Du bist hungrig. Deine Augen beobachten die Umgebung. Dein Gesicht, deine Kinnpartie und dein Mund sind entspannt. Dennoch entgeht dir keine Bewegung.

Du würdest jetzt gern vom Baum herunterspringen. Denn es ist die Zeit der Jagd. Aber deine empfindsame Nase riecht den scharfen Urin, mit dem eine Widersacherin dein Revier markiert hat. Du bist ihr in der vorangegangenen Nacht begegnet. Sie ist stärker als du. Du kannst den Kampf mit ihr nicht gewinnen. Dein Jagdgebiet gehört jetzt ihr. Das akzeptierst du. Es fällt dir schwer. Aber es muss sein. Du wirst ein anderes Revier finden. Jetzt musst du erst einmal deinen Hunger stillen. Das ist wichtiger. Für den Moment würde es dir genügen, eine dicke Kröte zu fangen. Diesen Happen wird deine Widersacherin dir nicht nehmen.

Du gähnst ausgiebig, atmest tief durch und spürst nicht mehr das nagende Hungergefühl im Bauch. Du kletterst langsam und leise vom Baum herunter. Dein Herzschlag geht gleichmäßig. Du bist auf der Hut. Deine Widersacherin beherrscht es wie du, sich anzuschleichen. Du musst vorbereitet sein. Während du langsam voranschreitest, hältst du Ausschau nach dem Baum, auf den du dich retten kannst. Da du

dein altes Revier genau kennst, bist du gegenüber deiner Riva-
lin in einem leichten Vorteil. Das gibt dir Zuversicht.

Deine vorsichtigen Bewegungen vermeiden jedes Geräusch.
Normalerweise hättest du die Kröte nicht einmal wahrgenom-
men. Sie ist nicht das, was dir, der Königin der Nacht, als an-
gemessenes Abendessen vorschwebt. Blitzschnell schnappst
du zu und bist zufrieden mit diesem geringen Jagderfolg.

Immer deutlicher sticht dir der Uringeruch deiner Gegnerin
in die Nase. Du änderst die Richtung deiner Wanderung,
weichst diesem Gestank aus, der deine empfindlichen Sinne
beleidigt. Während du leise voranschleichst, werden die Aus-
dünstungen der Reviermarkierungen der Rivalin schwächer.
Du weißt, dass die Richtung, in die du nun unterwegs bist, we-
nig Aussicht auf Beute verspricht.

Jetzt hältst du inne. Deine Tatzen melden eine zunehmen-
de Erschütterung des Bodens. Mit gespitzten Ohren lauschst
du aufmerksam. In der Ferne hörst du das Donnern von Tier-
hufen. Sie kommen rasch näher. Du verharrst still, den Leib
fest auf den Boden gepresst. Du bist jetzt unsichtbar, weder zu
hören noch zu riechen.

Das Glück ist auf deiner Seite; die Herde sprengt direkt auf
dich zu. Wenige Meter von dir entfernt bleibt eine Mutter mit
ihrem Kitz stehen. Jetzt ist er da, der Augenblick, der so rasch
nicht wieder kommen wird. Du bist bereit, dein Herz pumpt
das Blut rasend schnell durch den Körper. Deine Muskeln sind
angespannt.

Doch dein Instinkt hält dich zurück. Irgendetwas stimmt
nicht.

Nun siehst du sie! Deine Rivalin hat sich unbemerkt an-
geschlichen. Sie spurtet mit kraftvollen Sätzen los und reißt
deine Beute direkt vor dir zu Boden. Die Mutter des Kitzes has-
tet davon. Noch ist es für dich nicht zu spät. Du kannst sie ein-
holen.

Du warst abgelenkt. Deine Widersacherin war wachsamer.

Mit gefletschten Zähnen hat sie sich vor dir aufgebaut. Du musst sofort verschwinden. Sie wird dir nichts tun, wenn du fliehst. Sie hat ihre Beute. Das reicht ihr. Sie will keinen Kampf. Und du auch nicht, ihr geht euch aus dem Weg.

Du hoffst, es wird für immer sein.

Du streifst in dieser Nacht lange umher. Endlose Strecken legst du zurück. Der Boden ist karg, hier verweilen keine Grasfresser. Du musst weit laufen, bis du in ein Gebiet gelangst, in dem sie Futter finden. Die Nacht vergeht und du ziehst weiter. Nirgendwo witterst du die Reviermarken anderer Widersacherinnen. Du wirst ruhiger.

In dieser Gegend wird es wenig Beute geben. Doch das Revier ist umso größer. Du setzt deine Urinmarken, erhebst Anspruch auf dein neues Reich. Du gehst es ab, siehst die Schlupflöcher der Hasen und die Erdhöhlen der kleinen Antilopen. Du riechst, dass sie erst kürzlich hier waren. Du musst dich nur umsehen, ihnen nachstöbern. Dann wirst du sie finden. Vielleicht nicht mehr an diesem Tag. Aber in einer der folgenden Nächte wirst du sie ausfindig gemacht haben.

Hier gibt es für dich weniger Beute als in deinem alten Zuhause. Dafür bist du nicht mehr Gejagte, sondern Jägerin. Wieder einmal stehst du ganz am Anfang. Du weißt, dass du dich in der neuen Umgebung einleben kannst. In dieser Phase wird dein Leben einfacher sein, genügsam.

»Wenig ist auch etwas.«

Die erste Stärke der Leopardin:
Genügsamkeit

Als die Geschichte der Leopardin verklungen war, kreisten meine Gedanken um das letzte Wort – genügsam. Es hatte in meiner Welt eigentlich keinen Platz, es wirkte angestaubt und gestrig. Mir kam jedoch das nigerianische Sprichwort »Wenig ist auch etwas« in den Sinn, das ich im Einweihungslager gelegentlich gehört hatte.

Den Begriff Genügsamkeit verwendeten die Mammy-Water-Priesterinnen nicht in ihrem Wortschatz. Ihr ganzes Leben war von dieser Einstellung durchdrungen. Sie besaßen wenig und kannten es nicht anders, als sich dieses Wenige einzuteilen. Sie schleppten kilometerweit Wasser aus einem Brunnen oder vom Fluss herbei und kamen nicht auf die Idee, damit verschwenderisch umzugehen. Wenn sie im Schweiße ihres Angesichts Yamswurzeln aus dem harten Boden gegraben hatten, schätzten sie dieses nahrhafte Gemüse wie ein Juwel. Die Hacke, die zur Ernte diente, wurde gepflegt, der Mörser, mit dem gestampft wurde, hatte einen zentralen Platz auf dem Hof.

Noch bevor ich diese neue Welt betreten hatte, begann meine Verwandlung. Uhr, Schmuck, westliche Kleidung – alles musste ich zurücklassen, das mir materiell etwas bedeutete. Nur die Brille durfte ich behalten. Meine Haar wurde zu kunstvollen Zöpfchen geflochten, meine bleiche Haut in afrikanische Wickeltücher gehüllt. Zunächst war es noch ein edler Stoff gewesen, der einen schlichten weißen bedeckte.

Im Tempel der Mammy-Water-Priesterin wurde mir jedoch der schöne, silbrig glänzende Deckstoff und die dazu passende Bluse genommen. Nun trug ich nur noch das schlichte weiße Tuch um die Hüften. Die unerwartete Entblößung machte mich verlegen. Ich schämte mich, glaubte, alle würden mich anstarren. Doch die anwesenden Frauen trugen genauso wenig am Leib wie ich. Wir waren äußerlich gleich. In dem abgedunkelten Raum, dessen Wände bläulich wie das Element der verehrten Gottheit Mammy Water schimmerten, machte nicht einmal mein bleicher Körper einen Unterschied.

Ich, die schon in der Jugend einen Bogen um Campingzelte gemacht hatte, stellte mich darauf ein, mit fast 30 Jahren auf dem Boden einer Lehmhütte nächtigen zu müssen. Die Priesterinnen stellten ihrem weißen Gast freundlicherweise ein Bett mit Matratze zur Verfügung. Ich konnte auf dieser feuchtheißen Lagerstatt nicht schlafen und schaffte das westliche »Luxusgut« während einer unruhigen Nacht aus meiner Hütte heraus.

Draußen wirkte es wie ein Fremdkörper, den niemand anzurühren wagte. Nicht aus Respekt, sondern weil die anderen bereits wussten, was ich rasch begriffen hatte. In eine Lehmhütte gehört kein europäisches Bett. Ich zog es vor, wie alle anderen auf einer Matte am Boden zu schlafen. Das war kühler. Meine Anspruchslosigkeit war nicht edler Verzicht, sondern entsprach den Lebensverhältnissen.

Einfache Alltagsarbeiten führten mir das täglich vor Augen. Ich war noch ein Neuling im *compound*, dem in mehrere Bereiche eingeteilten Kleinstdorf der Frauen, als mir Lehrerin Oke einen kurzen Reisigbesen gab. Mit ihren großen Händen deutete sie an, was ich tun sollte. Dann drehte sie sich um und ging gemessenen Schritts davon. Ich stand dumm da. Die Fläche, die die Priesterin mir zugedacht hatte, war ziemlich groß.

Wollte ich Okes Aufforderung Folge leisten, blieb mir nichts anderes übrig, als mich tief hinunterzubeugen, um den Sand mit dem von der Sonne teilweise getrockneten Kot der Ziegen und Hühner zu fegen. Es war ungewöhnlich heiß, mein Rücken schmerzte, der aufgewirbelte Staub stieg mir in die Nase. Ich hustete und schwitzte. Ich, eine Frau, die den künftigen *chief* heiraten wollte und mich durch meine Position als Managerin an ein komfortables Leben in Europa, Kanada und Afrika gewöhnt hatte. Niemals zuvor war ich in die Situation gekommen, einen Reisigbesen in die Hand nehmen zu müssen. Hier sollte ich den Hof einer schlichten Lehmhütten-Siedlung fegen.

Gedanken dieser Art gingen mir durch den Kopf. Aber auch das Gefühl, nicht richtig eingesetzt worden zu sein. Gewiss wäre ein junges Mädchen für diese Arbeit geübter gewesen. Anbringen konnte ich meine Kritik nicht. Okes Respekt einflößende Gestalt erstickte Widerspruch im Keim. Abgesehen davon ließ sie sich auf ein Gespräch mit mir gar nicht erst ein. Ich dachte lange, sie spräche überhaupt kein Englisch.

Während ich fegte, liefen zahllose Frauen an mir vorbei. Sie lächelten mir zu. Bei den ersten hatte ich mich noch gefragt, ob ich eine Spur von Mitleid oder gar Häme in ihrem Lächeln entdecken konnte. Nach dem Motto: Das ist schön, einmal eine weiße Frau niedere Arbeiten verrichten zu sehen.

Irgendwann kam auch Ifeoma vorbei. Sie sah, dass ich

in eine Wolke aus Staub gehüllt war. Auch Ifeoma lächelte, machte einige Bemerkungen und nahm mir den Besen aus der Hand. Geschickt zeigte sie mir, wie man fegt, ohne sich selbst einzustauben. Dann gab sie mir den Besen zurück. Lächelnd. Es war ein wertfreies Lächeln. Ifeoma ging und ich machte weiter.

Das Fegen fiel mir nun leichter. Ich stellte mir die Frage, was ich eigentlich dabei lernen sollte. Ging es tatsächlich darum, dass ich die richtige Handhabung eines Besens beherrschen sollte? Das wollte mir nicht einleuchten. Ich hatte Hausangestellte. Wenn ich denen den Besen weggenommen hätte, wäre ein Aufstand die Folge gewesen: Will die weiße Frau mich brotlos machen? Hält sie mich für zu dumm, um zu fegen?

Am Abend fragte ich Ifeoma, was Oke eigentlich wirklich bezweckt hatte. Die junge Frau sah mich verständnislos an. »Nichts, jeder muss fegen.«

So einfach war das also. In der Gemeinschaft der Frauen gab es keine Rangordnung. Sogar Odame, die Leiterin, sah ich mit dem Reisigbesen. Leider erlebte ich das erst am Ende meiner Ausbildung.

Das Prinzip, an dem sich die harmonische Gemeinschaft des Mammy-Water-Kults orientierte, wurde mir durch das demutsvolle Fegen des Hofs bewusst. Die Genügsamkeit eines einfachen Lebens war nur möglich, weil alle gleich waren. Die Werte, die die Frauen pflegten, kamen mir zwar bekannt vor, doch sie erschienen mir wie ein altes Buch, in dem ich schon lange nicht mehr geblättert hatte. Es hieß:

Mammy Waters Gesetze

- Keine Niedertracht, Bosheit, Gemeinheit. Denn: »Asche fliegt demjenigen ins Gesicht, der sie geworfen hat.«
- Wegnehmen fremden Eigentums ist untersagt. Denn: »Auch wenn du nicht bestraft wirst – es wurde bemerkt.« Und zwar von »höherer Stelle«.
- Kein Egoismus oder Machtstreben. Denn: »Wer nur sein eigenes Wohl sieht, schwächt die Gemeinschaft.«
- Keine Begehrlichkeit. Denn: »Was zu dir kommen soll, findet zu dir.«
- Ehre und Respekt im Umgang miteinander. Denn: »Dein Wissen und dein Geld machen dich nicht größer als deine Mitfrau.«
- Treue, Mitgefühl, Verständnis. Denn: »Deine Hand ist die Hand deiner Mitfrau.«
- Freundlichkeit und Großzügigkeit. Denn: »Die Elemente, aus denen du geformt bist, teilen ihre Schätze mit dir.«
- Gastfreundschaft. Denn: »Der Schutz, den du heute gibst, bekommst du morgen zurück.«
- Dankbarkeit den Lebenden und den Toten gegenüber. Denn: »Wir werden durch unsere Blutsverwandten wiedergeboren.«

Diesen ungeschriebenen Regeln zufolge war es einerlei, ob ich den Hof fegte oder Odame. Es ging um den Vorgang, nicht um die Person, die ihn ausführte. Zumindest vordergründig. Den tieferen Sinn hat mir meine Verbündete, die Leopardin durch ihre Gedankenreise in ein neues Revier gezeigt: Ich war in eine neue Welt eingetreten, in der mich eine schlichte Arbeit zur Genügsamkeit ermahnte.

Im *compound* ist mir nicht bewusst gewesen, dass jeder Lehrling den Laden ausfegen muss. Ein Neubeginn bringt Tätigkeiten mit sich, die man eigentlich für etwas hält, das unter der eigenen Würde zu sein scheint. Aber ist das nicht nur eine Frage der Wahrnehmung? Hat mir Odame, die selbst den Boden fegte, mit ihrem Beispiel nicht gezeigt, dass wir alle immer wieder von vorn anfangen müssen? Unser ganzes Leben lang?

Wenn ich eine neue Wohnung beziehe, so muss ich den Staub der Handwerker beseitigen. Wenn ich eine neue Arbeit beginne, muss ich die Regeln der neuen Firma erlernen, mir einen Schreibtisch einrichten, jeder Büroklammer nachlaufen. Wenn sich eine unbekannte Krankheit meldet, beginnt eine Nerven aufreibende Odyssee durch diverse Arztpraxen.

Die Leopardin findet zwar in ihrem neuen Revier nicht gleich die ersehnte Beute. Doch sie entdeckt bereits die Spuren, die zu ihr hinführen.

Der Verzicht ist sozusagen das Eintrittsgeld, das an der Pforte einer neuen Welt zu entrichten ist. Niemand macht das gern. Denn der zu zahlende Betrag schmerzt und es ist ungewiss, welche Entschädigung wartet.

Nur dann kann ich den Verzicht in Kauf nehmen, den die Genügsamkeit mir auferlegt, wenn ich die Zuversicht finde, eine lohnendere Aufgabe erreichen zu können. Bevor es so weit ist, muss ich allerdings erst einmal den Besen der Genügsamkeit so schwingen, dass ich dabei keinen Staub aufwirble, der mich selbst am meisten husten lässt.

Diese schlichte Arbeit stellt für mich inzwischen mehr dar als Reinemachen: Da ich nie wieder in die Lage kam, einen afrikanischen *compound* zu fegen, habe ich aus der damals Schweiß treibenden Tätigkeit für mich ein kleines Ritual entwickelt. Ich nenne es:

Der klare Kopf

Was Oke von mir verlangte – den Boden zu fegen –, praktiziere ich in einem anderen Sinn. Der bewusste Verzicht auf ein technisches Hilfsmittel lehrt mich nicht nur Genügsamkeit, sondern stellt eine Konzentrationsübung für den klaren Kopf dar. Wenn ich das Laub im Garten reche, tue ich es nicht mit der schnellen Effizienz eines geübten Gärtners, sondern beschränke mich auf überschaubare Quadrate, die ich sorgfältig reinige. Dabei entstehen kleine Haufen, die am Ende ein genaues Muster ergeben. Indem ich mich darauf konzentriere, die Felder alle gleich groß anzulegen, gehe ich in dieser Arbeit völlig auf und vergesse meine Probleme. So erhält das Fegen den Sinn eines inneren Hausputzes, der mich für die Rückkehr an meine Arbeit stärkt.

Die tiefere Bedeutung liegt in der Demut, mit der diese niedere Tätigkeit ausgeführt wird. Wer fegt, ehrt damit die Erde, von der er lebt. Aus dem Zen-Buddhismus ist eine ähnliche Übung bekannt, die mit einer Harke im Sand ausgeführt wird: Penibel werden nebeneinander Linien in die Erde gezogen.

Eine kleine Variante stellt eine Schale mit Sand dar, die in meinem Arbeitszimmer steht: Mit den Fingern zeichne ich Muster hinein oder dekoriere sie mit Steinchen, Muscheln, Holzstückchen oder Perlen, die sich in dieses Schema einfügen. Mein Bemühen, dem Sand eine Struktur zu geben, wird meistens nach wenigen Tagen von der leichten Erschütterung der Zimmerdielen oder einem Windzug verändert. Ich entferne die Teile, reche den Sand mit einer Gabel, lege meinen Miniatur-Sandgarten neu an und gebe Gegenstände hinzu – bis die Harmonie des Ensembles wieder hergestellt ist.

Meine zunehmend schmerzhafte Erkrankung läutete einen neuen Abschnitt meines Lebens ein. Dem Stress eines Managerlebens konnte ich mich nicht mehr aussetzen. Ähnlich der Leopardin musste ich mir ein »neues Revier« suchen. Auf mein Leben übertragen bedeutete das den Verzicht auf die Privilegien, die mit meinem Beruf verbunden waren. Anfangs zahlte ich diesen Preis unfreiwillig. Bis ich mich daran erinnerte, Besitz nicht als Konsum zu betrachten. In dieser Formel entdeckte ich meinen Weg zur Genügsamkeit. Sich zu freuen über ein besonderes Ereignis, es mit einem kleinen Fest zelebrieren und es damit zu einem Höhepunkt im grauen Alltagsmeer zu machen. So erkannte ich wieder den Wert der Dinge. Genügsamkeit heißt nicht automatisch

Verzicht. Es kann auch mal nach dem Motto »Sekt oder Selters« laufen – auf bewussten Verzicht folgen ausschweifende Tage. Hin und wieder inszeniere ich Entsagung mit einer Übung, zu der mich eines von Ajiras Ritualen inspiriert hat. Ich nenne sie:

Nicht für die Figur fasten

Bevor ich im Mammy-Water-Tempel eine Trance-Reise unternahm, mussten mein Magen und mein Darm völlig leer sein. Mein Körper sollte meinen Geist in keiner Weise bei dieser Trennung behindern. Aufbauend auf diesem Gedanken faste ich an manchen Tagen ganz bewusst. Das stimuliert mein Gehirn zu völlig neuen Leistungen. Jeder kennt schließlich den Spruch: Ein voller Bauch denkt nicht gern. Ist die gestellte Aufgabe erfüllt, freut sich der Bauch über eine Belohnung doppelt.

Meine Familie konfrontiere ich von Zeit zu Zeit mit einer Übung, die ein bisschen den Gedanken des Fastens in sich trägt, meinen Lieben jedoch nicht gar so viel Entsagung abverlangt:

Das »magere« Wochenende

Der geplante Einkauf fürs anstehende Wochenende wird ersatzlos gestrichen. Wir durchstöbern Küchenschränke und Speisekammer nach Alternativen und kombinieren ungewöhnliche Elemente zu ausgefallenen Menüs. Wenn nicht viel da ist, setzen wir auf die Sekt-oder-Selters-Methode und greifen zu Kartoffelbrei pur oder Paprika-Reis. Je schlichter dieses magere Wochenende ausfällt, umso besser. Der Verzicht lässt uns in den Tagen danach viel bewusster die Dinge genießen, die sonst höchstens durchschnittlich sind. Nur einen Ausweg versagen wir uns an solch einem Wochenende: Essen zu gehen …

Manchmal erweitern wir das »magere« Wochenende. Statt passivem TV-Konsum suchen wir eine dem Motto entsprechende aktive Freizeitbeschäftigung: Zum Beispiel nutzen wir einen Spaziergang, um Mitbringsel aus der Natur in eine Bastelarbeit zu verwandeln. So fördert der Verzicht auf Konsum an diesem »mageren« Wochenende unsere Kreativität.

Der ein paar Jahre zurückliegende Winterspaziergang mit meiner Mutter mahnt mich heute noch an die Genügsamkeit der älteren Generation: Mein Mann, unsere Älteste und ich waren ins Gespräch vertieft. Plötzlich stellten wir fest, dass meine Mutter und unsere Jüngste nicht mehr folgten. Wir fanden sie hinter einer Biegung des Wegs, weit zurück. Die beiden hatten Bucheckern gefunden, sie geöffnet und gegessen. Diese winzige Gaumenfreude machte sie sichtlich

glücklich. Wir drei anderen hatten nicht einmal
bemerkt, dass dort Bucheckern lagen.

Entsprechend der Jahreszeit verzichten wir bei
Ausflügen am »mageren« Wochenende auf Pro-
viant von zu Hause und versuchen in der Natur
Essbares zu finden. Bei den Kindern löst es wahre
Begeisterung aus, wenn sie unverhofft etwas
Leckeres entdecken – und seien es »nur« Buch-
eckern.

Diese harmlosen Übungen zur Genügsamkeit, die für
meine Kinder stets etwas Spielerisches haben, trainieren
sie vielleicht für die leider unvermeidbaren Schicksals-
schläge, die einen aus der Bahn zu werfen drohen. Der
damit einhergehende Wechsel der Lebensumstände ist
oft erzwungen. Mal ist es wie in meinem Fall eine
Krankheit, aber ich habe auch mehrmals meinen Job
verloren. Den schlimmsten Einschnitt im Leben stellt
wohl der Verlust eines Partners dar, sei es durch Trennung, Scheidung oder gar Tod. In solchen Fällen bläst
der Sturm des Schicksals das Dach des Hauses, in dem
wir uns eingerichtet hatten, erbarmungslos fort.

Die Mahnung zur Genügsamkeit war mir in solchen
Momenten kaum ein Trost. Doch sie ist die unaus-
weichliche Folge. Der Leopardin auf dem Dornbusch
bleibt keine andere Wahl, als sich den Dorn aus der
Narbe zu ziehen. Sie weiß um ihre Verletzbarkeit und
bettet sich dennoch wieder auf Dornen. Die pieksenden
Zweige sind ein Teil ihres Lebens; das akzeptiert sie.

Die Narbe am Körper der Leopardin erinnert mich an

das Gesicht einer meiner alten Priesterinnen. Ich sah in ihren Runzeln und Falten die Weisheit ihrer Erfahrungen, die aus vielen heiteren, aber auch kummervollen Erlebnissen stammten. Ohne diese Zeichnung wäre sie nie geworden, was sie war – eine Weise.

In ihrer unnachahmlichen Art hat Odame gesagt: »Wer heute schreit, wird morgen flüstern.«

Für mich bedeutet die Umkehrung dieses Satzes: Wenn ich heute flüstere, kann ich morgen meinen Triumph laut kundtun. Das Flüstern von heute setzt jene Stärke voraus, die mir die Leopardin in ihrer ersten Geschichte vermitteln wollte. Den Neuanfang mit Genügsamkeit zu betrachten, erleichtert den Beginn eines neuen Wegs. Sie führt zu einer ähnlich demütigen Haltung, zu der Oke mich zwang, als ich den Boden zu fegen hatte.

Durch meinen insgesamt dreijährigen Aufenthalt in Nigeria entdeckte ich die Liebe zum ganzen Kontinent. Afrika wurde für mich zum Fixstern in einer schnelllebigen Welt, die auf der Suche nach der Zeitlosigkeit ist. Nach einem vergessenen Planeten, der gestreichelt wird von der Sonne der Menschlichkeit. Einem Ort, an dem Nähe nicht als störend, sondern als Wärme spendend empfunden wird. Ein Platz, an dem die Weite der unberührten Landschaft nicht an die Einsamkeit des Individuums erinnert, sondern an dem jene fündig werden, die in der Natur nach den Wurzeln unserer Spezies suchen.

Manchmal kann ich dieses Afrika kaum noch wahrnehmen. Es wird von Schlagzeilen, die von Hunger, Seuchen und politischen Ereignissen künden, hinweggeschwemmt wie ein Stück Treibholz bei steigender Flut. Dieses alte Afrika ist trotz all der Hiobsbotschaften nicht untergegangen. Es lebt in den Mythen, Legenden und Fabeln fort, wie sie mir damals die Frauen am Feuer erzählten. Ich sammelte bei späteren Reisen weitere Geschichten und lernte dadurch Menschen kennen, die gern erzählen.

So traf ich bei einer Reise durch Südafrika eine Heilerin vom Volk der Xhosa (gesprochen: Kossa), eine *Sangoma*. Elizabeth erzählte mir die Geschichte einer Frau der *San*. Während ihrer vielen Wanderungen durch das Land hatte Elizabeth sie kennen gelernt und mit ihr nach Art aller Heilerinnen Erfahrungen ausgetauscht.

Die vom Fortschritt bedrohten *San* sind in der Wüste Kalahari zu Hause; der Volksmund nennt sie »Buschleute«. Menschen, die in der Wüste leben, haben die Genügsamkeit zu ihrem Lebensprinzip gemacht. *Sangoma* Elizabeth entführte meine Gedanken zu dieser Kraftreise.

Stell dir vor, du bist eine Buschfrau aus der Wüste Kalahari: Du hast mit deiner Gruppe auf dem Sandboden unter einem Baum geschlafen. Beim ersten Morgengrauen steht ihr auf. Heute musst du dich auf die Suche nach Beeren, wilden Melonen, Orangen, Honig, Nüssen oder wasserspendenden Wurzeln machen. Dein Mann ist unterwegs, um Antilopen, Wildschweine, Springhasen oder Strauße zu jagen.

Heute findest du zuerst einige dicke Termiten und Käfer, die du im Sammelbeutel aufbewahrst, um daraus später ein schmackhaftes Mahl zu bereiten. Du musst unbedingt Wasser finden. Straußeneier sind deine Behälter. Du siehst die Spuren von Antilopen, die dir den Weg zu einer verlassenen Wasserstelle weisen. Eigentlich hattest du gehofft, dort kleine Hühnervögel zu finden, die du als Beute zu deiner Gruppe bringen kannst. Du füllst deine vier Straußeneier und pflückst Pflanzen.

Seit Tagen konntest du nur mit einem hohlen Stängel aus dem feuchtem Sand Wasser saugen. Umso dankbarer trinkst du einige Schlückchen von dem kostbaren Nass. In der Nähe entdeckst du Beeren und Nüsse, die du mitnimmst. Dabei siehst du die Spuren der Maulwurfsschlange. Die frische Fährte, die sie hinterlassen hat, ist breit. Die Schlange hat also gefressen. Für Tage wird sie in ihrem Versteck bleiben. Ohne sie gesehen zu haben, erkennst du ihr Alter und Gewicht an der hinterlassenen Spur. Sie führt vom Wasserloch zu einem kleinen Gebüsch, unter dem du Hasenbauten vermutest. Wenn du die Schlange noch erlegen willst, musst du vor ihr bei diesem Versteck sein. Gebückt hastest du ihr nach, bevor die Schlange darin verschwinden kann.

Du hältst deine Wurfkeule bereit. Deine flinken Füße fliegen über den Sand. Die Schlange windet sich trotz ihrer Trägheit erstaunlich schnell. Du holst aus, zielst direkt auf den Schädel des braunen, im Sonnenlicht schwach glänzenden Reptils. Ein dumpfer Knall zeigt dir an, dass dein Wurf sein Ziel erreicht hat. Der Schlangenleib vollführt noch ein paar reflexartige Bewegungen und bleibt dann ruhig liegen.

Das Fleisch des Tieres wird deiner Gruppe eine Mahlzeit sein, von der sie noch lange sprechen wird. Jeden Teil werdet ihr verwerten. Du dankst der Sonne, dass sie dir den Weg gezeigt hat, und der Erde, die dich nährt. Du hängst dir den schweren, anderthalb Meter langen Körper mühsam um den Hals und holst deinen Beutel mit den mit Wasser gefüllten Straußeneiern. Das große Gewicht belastet dich nicht, sondern es befreit dich von der Sorge um deine Gruppe, die auf dich zählt. Ihr werdet teilen, niemand wird bevorzugt.

Du besitzt nichts nur für dich; Besitz behindert dich nur auf deinen langen Wanderungen. Was du brauchst, ist in deinem Beutel, in deinem Kopf, deinen Muskeln, deinem Herz. Du kennst die Wüste, dein Zuhause. Von überall findest du zu deiner Gemeinschaft zurück. Die Natur ist dir vertraut, du passt dich ihr an. Du belässt ihr Gleichgewicht, nimmst nur, was sie dir zur Verfügung stellt, nie mehr als nachwachsen kann. Du bist ständig in riesigen Gebieten alleine unterwegs, den Tieren nahe. Du spürst intuitiv ihre Nähe, kennst ihre Seele. Denn ihr habt gemeinsame Ahnen, deren Stimmen in deinen Träumen zu dir sprechen.

Dein Muskel im rechten Unterarm zuckt; erschrocken setzt du dich nieder. Du weißt, was dieses Signal bedeutet: Dein Mann ist in Gefahr. Auf einer Pflanze sitzt eine Mantis. Diese Heuschrecke ist dein heiliges Tier. Du kannst verstehen, was die Gottesanbeterin sagt, freust dich über die seltene Gelegenheit, mit dem langen, dünnen Insekt sprechen zu dürfen. Es kann sehen, was dir verborgen ist.

Die Mantis hat ihre großen, kräftigen Vorderbeine aneinander gelegt, ihr für den dünnen Körper fast zu schwerer Kopf ist zu dir emporgerichtet. In einen Dialog mit ihr fragst du sie nach dem Wohlergehen deines Mannes und sie erzählt, dass ihm etwas zugestoßen ist und er verletzt in der Nähe liegt. Du bedankst dich und brichst sofort auf. Deine Lasten hindern dich daran schnell zu gehen.

Du findest deinen Mann. Er ist am Bein verletzt. Du kennst die richtige Heilpflanze gegen seine Verwundung und führst sie mit dir im Beutel. Du bedeckst die Wunde, damit sie schneller heilt. Gemeinsam macht ihr euch auf den Weg zu eurer Gruppe. Dein Mann stützt sich auf dich. Du lässt deine Lasten dennoch nicht zurück. Ein Schakal könnte dir die Schlange nehmen, die du für deine Gruppe brauchst. Gemeinsam kommt ihr nur langsam vorwärts.

Die Sonne brennt vom Himmel, der Sand ist glühend heiß. Doch deinen Partner würdest du nie im Stich lassen, um dich zu schützen. Ihr seid wie aus einem Holz geschnitzt. Er würde genauso für dich einstehen. Wie du kann auch er von Ferne erahnen, wie es dir geht.

Von weitem siehst du deine Gemeinschaft. Du fühlst dich wohl in dieser Gruppe. Ihr habt keinen Führer, jeder hat den gleichen Rang, aber jeder hat besondere Kenntnisse und Fähigkeiten. Befehle, Gehorsam oder Unterordnung kennt er nicht, auch keine Macht. Wenn ihr jedoch auf andere Menschen trefft, so spricht dein Mann als Erster, denn er ist ein geschickter Redner und Vermittler.

Man begrüßt euch laut und fröhlich. Den anderen war kein solches Glück bei der Suche nach Nahrung und Wasser beschieden wie dir. Sie freuen sich deshalb über deinen Erfolg, fragen nach deinen Erlebnissen und helfen deinem Mann einen Ruheplatz im Schatten zu finden. Ihr setzt euch zusammen und redet, bis es dunkel wird. Du berichtest von der Gottesanbeterin und gemeinsam dankt ihr für deine Begegnung mit ihr.

In dieser Nacht tanzt du im Schein des Lagerfeuers vor deiner Gruppe. Deine Heilfähigkeit wird durch den Trancetanz *gesteigert. Du spürst die Kraft in dir, die Wunde deines Mannes zu versorgen, und trägst eine aus Honig und zerriebenen Pflanzenteilen hergestellte Heilpaste auf. Dann legst du deine Hand auf sein verletztes Bein. Er beklagt sich trotz großer Schmerzen nicht. Bevor ihr schlafen geht, bedankt er sich bei dir und schenkt dir eine Kette aus Perlen, die er aus der dicken Schale eines Straußeneis gefertigt hat.*

Wenn es nachts ganz still ist in der Wüste, kannst du ein fernes, ständiges Rauschen und Raunen hören. Du glaubst, dass die Sterne sich etwas erzählen, und hörst ihnen zu. Du hast deinen eigenen Stern, dem du als Kind geweiht wurdest. Du siehst ihn jetzt. Er scheint nicht so fern zu sein.

Nun sprichst du mit ihm in dieser klaren, kühlen Nacht.

Licht und Schatten

Ich bin dir gefolgt auf dem Weg durch dein karges neues Revier, sagte ich zur Leopardin. Aber du musst zugeben, dass es recht unwirtlich darin ist.

Meine Verbündete streckte sich auf ihrem Dornenkissen aus. Die Sonne stand nicht mehr so hoch, die Mittagshitze war vorüber. Auf dem Fell der Leopardin zeichnete das Spiel aus Licht und Schatten, das die schmalen Blätter der Akazie darauf warfen, die elegante Musterung ihres Pelzes nach. Sie schien sich an ihrem Platz behaglich zu fühlen und meine Anwesenheit darüber völlig vergessen zu haben.

Du bist sehr schweigsam, sagte ich. Hast du keine weitere Lektion, die du mich lehren willst?

Sie putzte ausgiebig ihr Fell, was ich als Zeichen verstand, dass sie nicht mehr ruhen wollte. Sie hielt kurz inne und musterte mich mit ihrem plötzlich wieder sehr wachsamen Blick. Dann fragte sie: Wie geht es dir?

Ich musste unwillkürlich lachen und antwortete spontan: Was ist das für eine Frage! Wie soll es mir schon gehen! Mein Körper schmerzt. Diese Krankheit scheint mir an manchen Tagen sämtliche Energie rauben zu wollen. Aber ich habe dich nicht gerufen, um mich zu beklagen, sondern weil ich etwas von dir lernen will!

Während meine Traum-Verbündete von ihrem Baum sprang, meinte sie: Erschrecke nicht, wenn ich dir jetzt ganz nah komme.

Sie legte sich zu meinen Füßen. Ich fühlte ihr sonnenwarmes Fell und spürte ihren heißen Atem dicht neben mir.

Lehn dich an mich, forderte sie mich auf, bette deinen Kopf auf meine Flanke.

Ich zögerte einen Moment; ihre Ansinnen erinnerte mich an eine Dressurnummer im Zirkus. Es gab nur einen Unterschied: Hier folgte ich dem Willen der Großkatze. Ich kam mir dabei etwas dumm vor und mein Nacken schmerzte.

Du machst es falsch, sagte die Leopardin.

Wie ist es denn richtig?

Finde es selbst heraus.

Ich begann mich zu drehen und zu wälzen, bis ich eine Position gefunden hatte, die mir behagte. So blieb ich entspannt liegen.

Was hörst du?, fragte die Leopardin.

Dein Herz, es schlägt gleichmäßig.

Meine Traumpartnerin blieb hartnäckig: Was noch?

Deinen Atem.

Bleib so liegen, hörte ich sie sagen.

Ich wollte sie nicht beleidigen, rührte mich nicht, schloss meine Augen und lauschte auf das gleichmäßige Schlagen ihres Herzens und den Rhythmus ihrer Atmung.

Während ich so ruhte, meldete sich eine Frauenstimme zu Wort. »Atme gleichmäßig ein und aus«, riet sie. »Die Luft, die du einatmest, gibt dir Kraft. Sie geht in deine Lungen hinein und wieder hinaus. Sie reinigt deine Gedanken.«

Nicht weit von mir entfernt sah ich Ajira. Mit beiden Beinen stand sie fest auf einer kleinen Lichtung, das Gesicht der Sonne zugewandt. Sie warf die Arme hoch und senkte sie wieder. Der Anblick erinnerte an eine besondere Art des Gebets. Indem ich näher hinsah, entdeckte ich eine bleiche weiße Frau neben Ajira, die dem Beispiel der Priesterin folgte.

Nachdem beide ihre Übung beendet hatten, kam die Weiße zu mir. Ich erkannte mich wieder, nur 20 Jahre jünger. In einer Art, wie Ajira gesprochen hatte, sagte ich:

»Es ist der Wind, der die Pollen der Blüten vor sich hertreibt und für den Fortbestand der Natur sorgt. Der gleiche Wind schwillt zum Sturm, drückt die reife Ernte auf den Getreidehalmen platt und bringt die Menschen um ihre Nahrung. Er peitscht die Meere auf, die das Land überschwemmen. Es ist aber auch der Wind, der die reifen Früchte zu Boden fallen lässt, damit neue Keimlinge entstehen, die zu großen Bäumen werden können. Die Luft treibt das große Rad des Vergehens und Werdens an. Du trägst die Luft in dir als den göttlichen Atem, ohne den du nicht weiterleben kannst.«

Nun trat Ajira neben mein jugendliches Alter Ego: »Die Erde weint, wenn der Sturm die Bäume ausreißt. Doch die Bäume verlieren dabei ihre Samenfrüchte und so sät selbst der Sturm neue Bäume.«

Ajira, sagte ich, es geht mir nicht gut. Dein Vergleich mag stimmen, doch was hilft er mir?

»Die Erde nimmt die jungen Samenfrüchte auf und lässt aus ihnen Bäume wachsen. So ist auch dein Leben. Wenn du entwurzelt zu Boden gestürzt bist, so fange an genau jener Stelle wieder an, auf die du gefallen bist. Der alte Baum wird nicht mehr aufstehen, aber er ist nur ein Teil von allem. Der Wind, der durch ihn hindurchgegangen ist, hat das Leben nicht beendet. Er hat es verändert«, erklärte die Priesterin, übersetzt durch die Stimme meines jungen, kraftvollen Ich.

Ajira ging mit ihrer Schülerin fort, um sie eine andere Übung zu lehren. Bleibt, rief ich und sprang auf.

Geht es dir besser, fragte nun die Stimme der wartenden Leopardin.

Danke, antwortete ich, es hat gut getan, deine Ruhe zu spüren.

Die Leopardin meines Traums schien mit meiner Wandlung zufrieden: Schön, dass du bereit bist zu einem neuerlichen Ausflug in mein Reich.

Wohin gehen wir diesmal, wollte ich wissen.

Du bewunderst das Spiel von Licht und Schatten auf meinem Fell, sagte sie. Ich zeige dir einen Teil meines Lebens, der so ist wie der Gegensatz, den du magst und gleichzeitig fürchtest, wenn sich dein Leben so verhält.

Das klingt sehr rätselhaft!

Du wirst verstehen, was ich meine, wenn du meiner Geschichte gelauscht hast, erklärte die Leopardin entschieden.

Einen Fisch fangen

Atme tief ein und aus. Entspann dich, vergiss deine menschlichen Sorgen. Vergiss, wer du bist, und stell dir vor: Du bist ich – eine afrikanische Leopardin.

Du befindest dich im afrikanischen Urwald. Du hast die ganze Nacht gejagt. Doch deine Suche war erfolglos. Jetzt bist du ausgelaugt vom langen Herumstreunen. Du siehst die Dämmerung heraufziehen. Der beginnende Tag beraubt dich deines Vorsprungs gegenüber den anderen: Sie können dich nun sehen. Es hat keinen Sinn, wenn du jetzt weiter durch den Wald ziehst und nach Beute suchst.

Gleich neben dir ist dichtes Rankwerk. Du zerteilst es mit den Schultern und schiebst dich hinein. Hier bleibst du liegen. Dein Atem geht schnell von der vorangegangenen, erfolglosen Hatz. Jetzt legst du dich flach auf den Boden. Du streckst dich und spürst die feuchte Erde unter dir. Sie beruhigt dich. Die Zweige des Buschwerks machen dich unsichtbar. Dennoch kannst du beobachten, was um dich herum vor sich geht.

Du schließt die Augen und hörst, wie der Wald erwacht. Deine empfindlichen Ohren lauschen dem Gezänk der Affen. Das leiser werdende Quaken der Frösche zeigt dir an, dass die Sonne bald den nahen Fluss erreicht hat. Es wird immer wärmer dort draußen. Der Schlaf übermannt dich. Du bist sicher in deiner Höhle. Du kannst dich der Müdigkeit hingeben.

Als du erwachst, hat sich dein Körper abgekühlt. Du siehst durch die Zweige das Glitzern des Flusses und schiebst dich aus deiner Höhle. Du dehnst und streckst dich, um die Trägheit aus den Knochen zu vertreiben. Gemächlich schlenderst du hinüber zum Wasser. Niemand ist hier. Die Sonne scheint heiß auf dein Fell. Du empfindest ihre Wärme als wohltuend und legst dich auf ein Stück Ufergras. Du rollst dich auf die Seite, drehst dich auf den Rücken, strampelst mit den Beinen in der Luft wie ein Junges, das mit seinen Geschwistern spielt. Es geht dir jetzt richtig gut.

Zufrieden streckst du dich aus, legst den Kopf auf die Tatzen und siehst dem trägen Lauf des Flusses zu. Du schließt die Augen und lauschst dem Gluckern des Wassers, das niemals ein Ende nehmen wird. Das Wasser hat die Kraft, über die auch du verfügst. Es ruht in sich selbst.

Ein nahes, helles Platschen weckt deine Sinne aus der Entspannung. Du schlägst die Augen auf und siehst unbewegt auf den Fluss. Er wimmelt von Fischen. Du schiebst dich an den Fluss heran. So nah, dass du jede Bewegung im Wasser erkennst. Es sind dicke Fische, die direkt vor dir schwimmen. Während dein Körper völlig reglos bleibt, folgen deine Augen ihrem Zug. Sie kommen und verschwinden.

Rutsch noch weiter ans Wasser heran, hänge deine schweren Vordertatzen hinein. Sieh zu, wie sie im Fluss treiben, als gehörten sie dorthin. So, wie die zahllosen Fische, die vorbeigleiten, ruht dieser Teil von dir im Wasser. Konzentriere deine Energie auf einen einzigen Fisch. Er wird gleich bei dir sein. Bewege dich nicht. Sei wie ein Stück Baum, das in den Fluss ragt.

Und jetzt: Greif zu.

Du hast den Fisch gefangen. Du spürst das Leben in ihm. Wie er zappelt und versucht sich zu befreien. Willst du ihn haben? Ist er groß genug? Oder willst du ihn freilassen und den nächsten, möglicherweise viel dickeren nehmen?

Gut, du lässt den Fisch frei. Er schwimmt davon. Du bleibst ungerührt in deiner Position liegen. Du weißt nun, dass du jeden Fisch erreichen kannst. Es kommt wieder einer. Du siehst, wie er sich nähert, arglos. Ist er groß genug? Willst du diesen fangen?

Lass ihn ganz nah herankommen. Bleibe ruhig, konzentriere dich auf den Fisch.

Fass jetzt zu.

Das war sehr gut.

Du spannst deinen Körper und ziehst dich zurück. Du legst den Fisch auf das Gras. Du hast einen guten Fang gemacht. Du lässt es dir schmecken, löschst danach deinen Durst. Das klare Wasser tut gut. Nimm ein Bad, wenn dir danach ist.

Jetzt schwimmst du ans Ufer, schüttelst dich und nimmst deinen Platz auf dem Gras ein. Du putzt dein Fell, reinigst es von kleinen Zweigen und Blättern. Du stehst auf, reckst dich und genießt die Sonnenstrahlen auf deinem Körper.

Hier ist es zu warm für einen Mittagsschlaf. Du ziehst dich in dein Versteck zurück. Das Wasser verdunstet langsam aus deinem dichten Fell und kühlt dich. Du ruhst entspannt und fühlst, wie sich dein Körper der Umgebung anpasst, mit ihr zu verschmelzen scheint.

*»Wenn der mit Wasser gefüllte Topf
auf deinem Kopf zerbricht, solltest du die Gelegenheit
nutzen, um dich zu waschen.«*

Die zweite Stärke der Leopardin: Anpassungsfähigkeit

Auf Licht und Schatten wollte meine Verbündete mich hinweisen und hatte mir gezeigt, wie sie sich den Verhältnissen des Urwalds nicht nur durch die Färbung ihres Fells anpasste, sondern vor allem durch ihre Lebensführung. Der Begriff Anpassungsfähigkeit, den sie mir damit nahe legte, klebte in meinem Hals wie ein Brocken trockener Maisbrei. Heißt Anpassung, die eigene Individualität aufzugeben? Wo beginnt Mitläufertum? Wann darf ich beginnen, mich abzugrenzen?

Wieder hatte mich die Leopardin auf einen damals im Einweihungslager ganz nebensächlich anmutenden Vorgang aufmerksam gemacht: Ich war schon einige Tage dort, als wir in großen Holzmörsern Hirse stampften. Eine alltägliche Arbeit. Ausgerechnet an diesem Platz versagte ich; mir fehlte die Kraft.

Da nahm Ifeoma, eine zarte Frau mit kräftigen Oberarmen, mir den langen Stößel ab und sagte: »Eine Frau ist die Hand der anderen.«

Ifeomas Verhalten entsprach dem ganz normalen Zusammengehörigkeitsgefühl der Frauen, deren körperliche Arbeit nur gemeinsam bewältigt werden kann. Was nicht heißt, dass dem Einzelnen das Recht auf Selbstverwirklichung verwehrt würde. Im Gegenteil: »Die Hand einer anderen« zu sein, bedeutet, dass man auch die eigene darbietet. Als Hirsestampferin war ich zwar eine Niete, aber meine Einstellung zur Gruppe veränderte sich und – wenn das Schicksal es nicht anders geplant

hätte – am Ende wäre ich im Palast die glühendste Für-
sprecherin für die Einweihungszeremonie gewesen. Eine
weiße Traditionalistin afrikanischer Lebensform.

»Jede Frau tut, was sie kann, und stärkt so die ganze Gruppe«, erklärte Oberpriesterin Odame. »Vergiss
nicht, wer du bist, aber suche die Unterstützung der
Gemeinschaft, aus der du hervorgehst, und stelle ihr
dein Wissen und deine Kraft zur Verfügung.«

Eine Gemeinschaft starker Individuen bildete so ein
Rückgrat für Schwache. Anpassungsfähigkeit funktio-
nierte in diesem System wie die Zahnräder eines altmodischen Uhrwerks. Eines greift in das andere und treibt
das nächste vorwärts. Das entspricht der Fähigkeit der
Leopardin, sich in ihrem neuen Revier in die gegebenen
Bedingungen zu fügen. Sie lebt mit ihnen und zerreibt
ihre Energie nicht daran, sich gegen sie zu wehren. Anpassungsfähigkeit ist die Voraussetzung, um den neuen
Lebensabschnitt annehmen zu können.

Eines der ersten großen Rituale in meiner neuen Welt
als Lehrling der alten Bräuche war das Schwitz-Ritual.
Der Gedanke an tropischen Regenwald lässt durchaus
den Vergleich mit einer Sauna aufkommen. Es ist heiß
und die Luftfeuchtigkeit extrem hoch. Jenen kugelrun-
den Bau aus Lehm am äußeren Rand des Initiations-
lagers, der wie ein dicker rotbrauner Kloß auf der Erde
klebte, hätte ich folglich niemals mit einer Schwitzhütte in Verbindung gebracht.

Nach einem vergeblich um Beistand bittenden Blick
auf Ifeoma ließ ich mich von der Luft-Priesterin Ajira
durch ein Loch tief am Boden in die Hütte hineinzie-
hen. Mich empfing eine Art tropischer Sauna. Es war
stickig heiß und pechschwarz. Außer Ajira hielten sich

noch zwei andere Frauen in der dampfenden Enge auf. Zu sehen waren sie allerdings nicht. Nur zu hören – sie atmeten.

Gemeinsam hockten wir in der stockfinsteren Hütte und eine Panikattacke begann mein Herz bereits zu umklammern. Aber ich wollte nicht aufgeben. Ohne dass meine Lehrerin mich darauf aufmerksam machen musste, stellte ich fest, dass mein Atem flach hechelnd hetzte. Ihrer ging tief und gleichmäßig. Also richtete ich mich nach Ajira, atmete wie sie. Ich zwang mich dazu; darin sah ich die einzige Möglichkeit dieses Ritual zu überstehen. Ich war nichts – nur noch mein Atmen.

Eine seltsame Wandlung vollzog sich mit mir: Durch Ajiras Ruhe überkam auch mich ganz langsam ihre Gelassenheit. Ich fand zu tiefer Entspannung, fühlte mich geborgen und sicher. Ich wurde zu einem Teil dieser langsam atmenden, schweigenden Gemeinschaft.

Dass wir schwitzten, wurde von mir kaum noch wahrgenommen. Während die mir bis dahin bekannte Sauna der Entschlackung des Körpers dient, verfolgte Ajira ein anderes Ziel – den Geist von allen Ängsten zu befreien. Ich wurde völlig ermattet aus der Schwitzhütte herausgezogen. Da der Eingang so tief am Boden lag, wurde ich über die Erde geschleift.

Egal, wie unelegant solch ein »Ausstieg« erscheinen mag: Mein schweißnasser Leib wurde dabei nicht nur mit Erde bedeckt; ich wurde dadurch rituell mit ihr verbunden. Nachdem ich in der Hütte gewissermaßen nur aus Atem, also Luft, bestanden hatte, schaffte das den Ausgleich. Ich wurde »geerdet«. Anschließend wurde ich massiert. Die Frauen schlugen mich mit dünnen Zweigen, zogen und bogen meine Glieder in alle Rich-

tungen. Das hört sich dramatischer an, als ich es empfand. Durch das exzessive Schwitzen und Atmen waren
meine Sinne umnebelt, die Muskeln und Sehnen dehn-
bar wie Gummi.

Nach dieser Prozedur hatte ich wieder nach Ajiras
exakter Anweisung zu atmen. Die Luft, die ich nun in
meine Lungen pumpte, überforderte meinen Kreislauf
endgültig. Ich sank zu Boden. Als ich später wieder zu
mir kam, staunte ich: Um mich herum lagen die beiden
anderen Mitschwitzerinnen. Wie ich erschöpft von zu
viel Luft. Wir waren – im rituellen Sinne – neugeboren;
und damit aufgenommen in den inneren Kreis der Gemeinschaft der Lernenden.

Wenn ich heute über die Erlebnisse in der Schwitzhütte nachdenke, frage ich mich, ob mich meine Anpassungsfähigkeit das Ritual bestehen ließ oder mein Wille.
Oder war es beides? Hat mein Wille meine Anpassungsfähigkeit genutzt, um zu bestehen? Verfügt mein
Wille denn über so viel Kraft, dass ich sogar Gefahr für
mein Leben in Kauf nehme?

Unmöglich! Da muss noch etwas anderes gewesen
sein! Ich hatte gespürt, dass ich unbeschadet aus dem
dampfenden Lehmkloß herauskam, wenn ich dem Beispiel meiner Lehrerin folgte. Obwohl ich Ajira zu diesem Zeitpunkt kaum kannte. Es waren meine Instinkte,
die mich führten. Sie signalisierten mir: Vertrau dieser
Frau, die weiß schon, wie`s geht.

Bei Ausweglosigkeit oder Gefahr springen Instinkte
bekanntlich ohne bewusste Entscheidung ein. In diesem Fall wählten die Instinkte zu meiner »Rettung« die
Anpassungsfähigkeit anstelle der immerhin auch möglichen Flucht aus der Hütte. Liegt die Anpassungs-

fähigkeit dann nicht ebenso in meinem Naturell wie in jenem der Leopardin, die ich darum beneide? Wenn das so sein sollte, wie kann ich diese Instinkte aktivieren? Ist mir das heute auch möglich: der bewusste Zugriff aufs Unbewusste?

Kome würde in diesem Moment wohl sagen: Erinnere dich an das, was du gelernt hast, Tochter von Mammy Water.

Odame, unsere weise Mentorin, hatte die Initiation in vier Bereiche geteilt, die sich nach den Elementen richteten: nach Luft, Erde, Feuer und Wasser. Dahinter steht der Naturvölkern einleuchtende Gedanke, dass wir aus diesen vier Bausteinen bestehen. (Steine und Mineralien, die andere Kulturen einem fünften Element zurechnen, integrierte der Mammy-Water-Kult ins Element Erde.)

Die Priesterinnen konfrontierten uns mit jedem Element ausführlich. Ohne dass uns bewusst war, welches uns am meisten prägte. Sie wollten uns lehren, dass das Erkennen des eigenen Elements einer von mehreren Wegen zur Selbsterkenntnis ist:

Ein Schlüssel zum Ich

Da der Mensch aus der Erde hervorgegangen ist, auf der er lebt, findet er jedes der vier Elemente in sich wieder. Meine Lehrerinnen machten mich mit den Natur-Bausteinen bekannt. Sie gaben mir die Schlüssel in die Hand, mit denen eines der vielen Schlösser zu jener Schatzkammer geöffnet werden kann, in der das Ich jedes Individuums sicher verwahrt wird.

Zunächst erläutere ich, welche Bedeutung die Elemente im übertragenen Sinn haben:

● Die Luft steht für den Verstand, die Phantasie, den Intellekt. Dieses Element fördert auch die Verwandlung, den Wechsel von einem Stadium in das nächste. Wie die Raupe, die zum Schmetterling wird, kann sich der Mensch kraft seines Geistes neu definieren. Deshalb gehörte das Schwitzhütten-Ritual in Ajiras Ressort. Eine rituelle Neugeburt ist schließlich die extremste Form der Veränderung.

● Die Erde ist unter anderem verantwortlich für das Identitätsgefühl und die Fähigkeit, einander zu umsorgen und zu unterstützen. Oke lehrte alles über Mutter Erde, vom Heilen bis zum Kochen. Diese Priesterin brachte ihre Lehre mit einem so einleuchtenden Satz zum Ausdruck: »Dein Körper ist aus der Erde hervorgegangen und wird dorthin zurückkehren. Ehre also Mutter Erde mit Demut, denn sie trägt und nährt dich.« Dass auf Ajiras Luft-Lektionen Okes Erd-Ermahnungen folgten, erscheint folgerichtig: Wenn dein Geist nach Veränderungen strebt, so suche erst deine Wurzeln, bevor du losmarschierst. Die Amerikaner haben dafür ein passendes Sprichwort: »Versuche nach den Sternen zu greifen, während du mit beiden Beinen auf dem Boden stehst.« Zu Okes Erdritualen gehörte unter anderem das Fertigen einer Maske und der Tanz, verborgen hinter dieser Maske.

● Feuer weckt die Lebensenergie. Das führt direkt zu Leidenschaft und Kreativität und der Fähigkeit zu großen Ideen, zu Visionen. Zuständig für den Unterricht in diesem Element war Urika. Sie lehrte mich zum Beispiel das Trommeln. Wobei die Trommel in ganz Afrika traditionell nicht als Instrument betrachtet wird, sondern als Zugang zur Seele. Sie setzt spirituelle Kräfte frei. Zum Feuer gehört auch die Kraft des Wortes. Nicht nur in der Bibel heißt es: »Am Anfang war das Wort.« Auch zahlreiche Naturreligionen lehren das. Wenn das Wort in direkter Verbindung mit dem Feuer steht, so führt dieser Gedanke zur Ur-Energie der Sonne. Wo ihre Kraft scheint, beginnt das Leben zu keimen.

● Wasser, Gegenstück des Feuers, ist gleichzeitig die Ergänzung der Sonnenkraft. Eines dieser Elemente allein steht für Zerstörung, in der Verbindung jedoch für große Fruchtbarkeit. Wasser bedeutet buchstäblich Reinigung und im übertragenen Sinne Klarheit. Beides sind die wichtigsten Voraussetzungen für inneren Frieden und Weisheit. Die Priesterin Kome half mir, mich mit einem Element anzufreunden, das mir am meisten fremd gewesen war. Seitdem ich in einen Swimmingpool hineingeworfen worden und fast ertrunken war, hatte ich Angst vor Wasser. Komes Wasser-Ritual beabsichtigte die Befreiung von dieser Angst. Ich wurde in einen Fluss getaucht, um die Schönheit der dort lebenden Göttin Mammy Water zu schauen. In Komes unorthodoxem Vorgehen lag die Botschaft: Erkenne dich selbst. Und zwar jenes Element, das dich prägt. Selbst wenn du es bislang ablehntest.

Die Lehre von den Elementen geht ähnlich vor wie die Astrologie: Jedem Zeichen wird eine besondere Eigenschaft zugeordnet, die man mehr oder minder stark ausgeprägt an sich selbst wieder entdeckt. So zum Beispiel der »eitle« Löwe, der »hinterhältige« Skorpion, die »ausgleichende« Waage ...

Die Elemente orten Neigungen, bestärken oder behindern sie.

● Der Luft-Typ ist alles andere als ein Luftikus! In den alten Mythen steht die Luft für die Kraft des Geistes. Die Luft-Frau ist eine intellektuelle Jägerin voller Neugier, Phantasie und Ungeduld, die die Veränderung liebt. Sie ist sehr diskussionsfreudig, aber auch gelegentlich launisch. Entspannung findet sie beim Lesen, die Wanderung am windumtosten Nordseestrand ist ihr ein Vergnügen. Mit der Beständigkeit hat sie ein echtes Problem: Sie zieht gern um und gibt ohne Vorwarnung den Job selbst dann auf, wenn kein neuer in Sicht ist.

● Der Erd-Typ ist heimisch, treu, geduldig, manchmal recht stur. Luxus und Reichtum sind Ziele, für die Erdmenschen einstehen und die sie gern übermäßig betonen. Entsprechend regenerieren sie sich bei häuslichen Tätigkeiten. Als Partner ist der erdgebundene Mensch ein verlässlicher Hafen, in den ein Schiff mit letzter Not einläuft. Entsprechend wird dem »Erdling« der Abschied von einem Freund, einem Ideal, gar einem Zuhause ein Graus sein.

● Feuer ist Ihr Element, wenn Sie Ihre Leidenschaften ausleben. Rituale, die die Kraft der Sonne verehren, sind für Sie wohltuend. Eine Kerze auf dem Schreibtisch fördert Ihre Konzentration. Ihr Urlaub wird Sie an den Sandstrand führen, wo Sie abends in die Disco gehen und bis zum Sonnenaufgang tanzen. Die enorme Energie des Feuers kann zerstörerisch gegen Sie selbst wirken; Sie brennen aus wie ein überhitzter Ofen. Andererseits ist Ihre Wärme wohltuend für andere und wirkt inspirierend. Ein vom Element Feuer bestimmter Mensch ist zumeist extrovertiert und wird bei einer Arbeit in der Öffentlichkeit Erfüllung finden.

- Wasser erkennen Sie als Ihr Element an, wenn Sie zum Philosophieren und Grübeln neigen, Kränkungen nur schwer verkraften können und wahrheitsliebend sind. Was nicht heißt, dass Sie Ihrem Gegenüber offen Ihre Meinung entgegenschleudern. Im Gegenteil: Ihre Stärke ist die Diplomatie – was Kräfte zehrend ist und Ihr Liebesbedürfnis ziemlich steigert. Traute Zweisamkeit tut Ihnen gut und mit Sicherheit alles, was irgendwie mit dem Wasser zusammenhängt. Trotzdem sind Sie nicht unbedingt eine leidenschaftliche Schwimmerin. Am Wasser lieben Sie das Meditative, nicht die sportliche Herausforderung. Sie sind gern allein, fühlen sich aber nie einsam. Ihre Partnerschaften sind zumeist lang anhaltend, weil Sie nicht die Kraft zum Neubeginn finden.

Indem ich mich selbst beobachtet und mir meine Vorlieben und Abneigungen bewusst gemacht habe, konnte ich herausfinden, wie stark jedes Element in mir vertreten ist. Das ist die Voraussetzung, um mit den Natur-Bausteinen bewusst umzugehen. Darum die Frage:

Wo bin ich in meinem Element?

Als ersten Schritt habe ich mir eine Art Tabelle angelegt, in die ich Begriffe geschrieben habe, die ich mit dem jeweiligen Element in Zusammenhang bringe. Wenn Sie wie ich vorgehen wollen, tragen Sie in die Horizontale die Namen der vier Elemente ein. Unter jeden Begriff setzen Sie assoziativ Worte, die für die vier Elemente stehen.

Ich möchte nicht zu viele Beispiele geben, um Ihre Phantasie nicht einzuengen. Hier nur ein paar wenige, die von meiner Liste stammen:

Luft: steigend, Luftblasen, Drachen …

Erde: Ton, gestalten, Herbst …

Feuer: lodernd, hell, warm …

Wasser: feucht, breit machen, untergehen …

Schon allein meine Auswahl erregt unter Umständen Ihren Widerspruch. Gut so! Ihre Liste soll ja auch Ihre Persönlichkeit widerspiegeln. Sie kann alles enthalten: Namen von Menschen, Jahreszeiten oder Farben und vieles mehr.

Wenn Ihre eigene Tabelle fertig ist, beginnen Sie zu werten, und zwar völlig subjektiv. Was Ihnen gefällt, wird mit einem Plus-Zeichen markiert. Was Missbehagen auslöst, mit einem Minus. (Es geht auch mit zwei verschieden farbigen Text-Markern.)

Unter Umständen ist das Ergebnis eindeutig in dem Sinne, dass sich unter einem Element vor allem Plus oder Minus häuft. Glück gehabt! Aber nur, was die Zählerei betrifft. Denn wenn Sie die Dominanz eines einzigen Elements in sich spüren, profitieren Sie zwar von dessen Vorteilen. Aber Sie müssen dessen Nachteile ebenfalls in Kauf nehmen …

Häufiger wird es vorkommen, dass sich die Vorzeichen in den Kolonnen mixen. Des Rätsels Lösung ist einfach: In Ihnen herrschen mehrere Elemente vor. Versuchen Sie durch simples Auszählen zu eruieren, welche zwei Elemente die meisten Pluszeichen aufweisen. Damit beginnt die Sache nämlich erst spannend zu werden!

Während meiner Einweihung fielen mir manche Rituale besonders schwer, andere kamen meiner inneren Bereitschaft sehr entgegen. Obwohl sie nichts mit meinem Element zu tun hatten. In der Astrologie definiert das Sternzeichen die Grundposition, der Aszendent sorgt für die Ausrichtung. Ähnlich verhält es sich mit den Elementen. Da niemand nur eines in sich trägt, ist es umso wichtiger herauszufinden, welches wie der Aszendent in der Astrologie für die »Ausrichtung« sorgt. Das zweite starke Element kann die Eigenschaften des ersten unter Umständen zerstörerisch bestärken oder als beruhigende Gegenkraft wirken. Dazu ein paar Gedanken:

Die eigenen Elemente nutzen

Wenn Sie die beiden in Ihnen vorherrschenden Elemente kennen und bewusst nutzen, sind Sie im Punkt Anpassungsfähigkeit an Situationen oder Gruppen einen großen Schritt weiter.

Eine Wasser liebende Frau, die sich gleichzeitig zum Feuer hingezogen fühlt, wird an innerer Zerrissenheit leiden und sollte die gegensätzlichen Elemente je nach Verfassung betonen, um ins Lot zu finden.

Ein Lufttyp, der gleichzeitig das Wasser liebt, ist dagegen fein raus: Einem solchen Menschen wird viel gelingen. Allerdings kann der Sturm seiner Gemütswelt sein Boot einmal kentern lassen. Dann sollte er das veränderungswillige Element Luft ruhen und sich treiben lassen, bis sich die Wogen geglättet haben.

Erde und Luft? Darunter könnte ich mir eine Politikerin vorstellen, die zu Beginn ihrer Karriere fest in den Parteistatuten verwurzelt ist, aber aus anderen Ecken neue Impulse einbringt, die die alten Vorstandsherren aus taktischen Gründen aufzunehmen bereit sind. Im Lauf ihrer Karriere wird man versuchen, sie »einzubinden«, sie mit Energie raubenden Posten ruhig zu stellen. Überwiegt in ihr nun der Erde-Anteil, wird sie im Lauf der Zeit zur bodenständigen Konservativen werden. Folgt sie jedoch dem Luftanteil in ihrem Naturell, wird sie früher oder später alles hinschmeißen, um etwas Neues zu beginnen.

Eine Feuerfrau, an beiden Enden gleichzeitig brennend, findet leichter zu innerer Harmonie zurück, wenn sie die Erde als ihr zweites Element erkannt hat: Erde löscht Feuer. Das Gleiche gilt natürlich für die Kombination mit Wasser. Ein Feuer/Erde-Typ, den seine heiße, kreative Seite stark beansprucht, kann sich durch schlichte erdgebundene Ablenkung regenerieren; zum Beispiel mit Arbeit im Garten, Basteln oder Hausarbeit. Den Feuer/Wasser-Typ entspannt ein Bad oder Meditation.

Diese Beispiele führen vor allem an, wie gegensätzliche Elemente Energie erhaltend wirken. Was macht jemand, der sich sowohl zu Feuer als auch zu Luft hingezogen fühlt?

Diese Person sollte ebenso wie alle anderen versuchen, die gerade vorherrschende Kraft zuzuordnen. Wenn's brennt: Fenster schließen! Angewandt heißt das:

Droht eine Diskussion eine gemeinsame Basis zu zerstören, bitte nicht mit neuen Argumenten nachlegen! Sondern sich jener Kräfte bedienen, die von Haus aus nicht in Ihnen vorherrschen. Denn Sie haben – selbst, wenn Ihnen das nicht bewusst ist – die Elemente Wasser und Erde ebenso in sich. Allerdings zu einem wesentlich geringeren Anteil.

Meine Verbündete, die Leopardin, hat mich mit ihrer Gedankenreise auf ihre Jagd ans Wasser mitgenommen. Dorthin geführt hat sie die Suche nach der Sonne, dann sah sie die Fische im Wasser. Das ist gewiss am wenigsten ihr Element. Doch sie hat es genutzt und schließlich ihren Hunger gestillt.

Ebenso gehe ich vor, wenn ich mich einer Situation anpassen muss oder möchte: Ich wecke jenes Element in mir, das mir am fremdesten ist. Ich habe dazu vier Element-Übungen gefunden, die vom Miteinander im Einweihungslager inspiriert wurden. Ich habe diese Übungen im kleinen Kreis bereits durchgespielt und die anfängliche Reaktion war stets dieselbe: Das kann ich nicht! Sollte es Ihnen ebenso ergehen, denken Sie an meine Schwitzhütte: Ajiras Ritual hat mich an meine Grenzen geführt. Ich habe sie überwunden, indem ich etwas getan habe, das mir schwer fällt – mich anzupassen. Das Element Luft gewährte mir intuitiv jene Unterstützung.

Ritual im Aschekreis

Im Einweihungslager lernte ich den Aschekreis kennen. Wer mit dem Element Luft am wenigsten anzufangen weiß, wird sich mit diesem Ritual schwer tun. Und sollte sich ihm gerade deshalb stellen. Alle anderen werden es lieben!

Statt Asche bietet sich die Verwendung einer Kordel oder langen Schnur an. Wichtig: Der Kreis (egal ob Asche oder Kordel) muss völlig geschlossen sein, damit die Energie nicht entweicht. In diesen Kreis setzen sich zwei Menschen gegenüber, die sich über ein Problem nicht einig werden können. Einer von beiden – das Los entscheidet – trägt es vor und stellt seine Sicht dar. Der andere antwortet. Regel: Aussprechen lassen. Die beiden dürfen den Kreis erst verlassen, wenn sie sich in die Augen schauen und die Hand reichen können. Ich habe in komplizierten Fällen auch einen Moderator/eine Moderatorin eingeschaltet. Diese Person darf jedoch nicht inhaltlich eingreifen, sondern lediglich zur Ermahnung der Spielregeln aufrufen.

Jedes Ritual braucht eine ruhige Einleitung. Zur Vorbereitung empfiehlt sich in diesem Fall beispielsweise für Feuermenschen ein ausgiebiges Händewaschen oder Zähneputzen. Eine andere Partner-Übung erinnert direkt an Ajiras Schwitzhütte:

Mit dem Partner atmen

Legen Sie sich neben eine Person, an die Sie sich nur schwer anpassen können. Folgen Sie dem Atem-Rhythmus des anderen vorbehaltlos. Und dann drehen Sie das Spiel um: Sie atmen vor, der andere übernimmt Ihr Tempo. Es könnte sich dabei herausstellen, dass es dem anderen wesentlich schwerer fällt, sich Ihnen anzupassen. Oder Sie stellen fest, dass Sie – obwohl führend – aus dem Rhythmus kommen und sich unbewusst dem Partner anpassen. Probieren Sie's aus! Das Ergebnis überrascht ...

Obwohl ich während der Einweihung Ajiras Ritual zur Anpassungsfähigkeit erlebt hatte, fiel es mir nach meiner Rückkehr nach Deutschland schwer, mich in neue Firmen zu integrieren. So arbeitete ich in den frühen 1990ern in der Münchner Europavertretung eines bedeutenden US-amerikanischen Computerherstellers. Mir unterstand die Abteilung *Controlling*: Ich hatte dafür zu sorgen, dass Ertrag und Ausgaben in einem akzeptablen Verhältnis standen. Dazu gehörte, dass ich die mit der Typklasse der Dienstwagen aller Mitarbeiter verbundenen Kosten überprüfen musste.

Fast alle hatten sich für die oberste Mittelklasse der beiden teuersten deutschen Marken entschieden. Meine Abteilung machte der Leasingfirma, mit der wir arbeiteten, Alternativ-Vorschläge: eine halbe Nummer kleiner oder die dritte deutsche Luxusmarke. Die eingesparte Summe war erklecklich. Kaum hatten wir die Liste losgeschickt, erreichten mich die ersten Anrufe. Was ich mir denn einbilde, das Auto-*Ranking* umzuwerfen? Ich beruhigte jeden Beschwerdeführer mit dem Hinweis, dass er sich dennoch komfortabel, sicher und PS-stark fortbewegen könne. Schließlich legte ich das Konzept der Personalabteilung vor.

Wochen des Schweigens vergingen. Dann reiste der oberste Controller aus den USA an und zitierte mich in sein Büro. Was ich mir denn einfallen lassen würde, den Betriebsfrieden wegen einer Lächerlichkeit wie Dienstwagen zu stören? Ich fand diesen Vorwurf überzogen und blieb bei den rein rechnerisch nachvollziehbaren Fakten, die eindeutig für die Arbeit meiner Abteilung sprachen. Dafür, dachte ich, waren wir immerhin da.

Mein amerikanisches Gegenüber – ein älterer, groß gewachsener, asketischer, unauffällig gekleideter Mann – hob die eisgrauen Augenbrauen und sagte: »Misses Hilliges, *you are very assertive.*« Mein Boss hatte mein Verhalten als *rechthaberisch* bezeichnet. Dickköpfigkeit war die Un-Tugend schlechthin, die ein amerikanisches Unternehmen einer leitenden Mitarbeiterin nicht durchgehen lassen konnte. Gerade die Amerikaner haben das Wir-Gefühl zum obersten Prinzip im Zusammenleben der Individuen erhoben. Wer sich dem nicht anpasst, wird, mag er auch Recht haben, ausgeschlossen. Kurz nach diesem Gespräch flog ich aus dem Job.

Damals war ich gekränkt. Inzwischen bin ich auf meine »Dickköpfigkeit« stolz. Sie hatte verhindert, dass ich meine Überzeugungen verleugnete. Anpassungsfähigkeit bedeutet nicht bequemen Opportunismus, sondern sich in eine bestehende Gruppe so einzubringen, dass sie stärker wird. Ohne dass man selbst dadurch schwächer wird.

Um herauszufinden, ob man sich in eine Gruppe integrieren kann oder überhaupt zu ihr passt, benutze ich eine Übung, die mir selbst sehr schwer fällt. Obwohl sie einfach klingt, kostet sie jene Überwindung, die sich nicht dem Erd-Typus zugehörig fühlen:

Sich fallen lassen

Die Mitglieder einer Gruppe stellen sich in einem Kreis auf. Die Person, die sich in dieser Gemeinschaft nicht wohl fühlt, tritt in die Mitte. Die anderen stehen so, dass der Abstand zu ihr höchstens halb so groß ist wie sie selbst. Die Gruppe ruft nun: »Lass dich fallen. Wir fangen dich auf.« Im zweiten Durchgang kann dieser Abstand um einen Schritt vergrößert werden. So weit, bis alle hinzuspringen müssen, wenn die Person sich fallen lässt. Als Abschluss kann das von der Gruppe symbolisch aufgegangene Mitglied gemeinsam getragen werden.

Es ist eine Aufgabe, die von allen sehr viel Mut verlangt. Um die Einstiegsschwelle zu verringen, stellt sich zunächst jemand zur Verfügung, der in der Gruppe keine Anpassungsprobleme verspürt, und spielt die kleine Zeremonie Vertrauen erweckend vor.

Menschen, die sich vor Feuer fürchten, soll die Konfrontation damit aus ihrer Reserviertheit locken. Gemeint ist Feuer in seiner Bedeutung als Mittel des Geschichten-Erzählens:

Die Feuerprobe

Bitten Sie Ihren Partner an einen Tisch (nicht zu groß), bieten Sie vielleicht ein Glas Wein an, löschen Sie das Licht. Zwischen Ihnen befindet sich eine brennende Kerze. Fordern Sie ihn auf, nur die Kerze anzusehen, während er Ihnen eine Geschichte aus seinem Leben erzählt.

Eine Abwandlung dieses Spiels kann man allein durchführen. Sie blicken die brennende Kerze an und fragen sich: Welche Begebenheit hat mich zuletzt erröten lassen? Diese Geschichte erzählen Sie sich selbst laut. Machen Sie dann eine Pause während der Sie die Kerze ansehen und lauschen dabei in sich hinein. Stellen Sie nun laut die Frage: Warum bin ich errötet? Weshalb ist mir der Vorfall, die Situation peinlich? Sehen Sie weiterhin die Flamme an und lauschen Sie auf Ihre innere Stimme, die Ihnen eine Antwort geben wird!

Im Einweihungslager machten die Frauen mit mir ein Experiment, das ich heute noch wiederhole. Es soll durch die Kraft des Vertrauens die Anpassungsfähigkeit an einen anderen Menschen nahe bringen:

Im Wasser schweben

Gehen Sie mit einem Menschen, dem Sie vertrauen wollen, in ein mindestens brusttiefes Wasser (Pool, See, Meer). Der Partner stützt Sie, während Sie zunächst auf einem Bein balancieren. Dann umfasst er Ihre Hüfte und hebt Sie an. Er bringt Sie in die Waagerechte, stützt dabei Schultern und Hüfte. Sie drücken das Kreuz fest durch, spreizen die Arme weit vom Körper ab, strecken die Beine gerade aus. Ganz allmählich lockert er seine stützenden Griffe. Um Ihnen seine Anwesenheit zu beweisen, fasst er zwischendurch leicht zu. Schließlich hält er die Arme ein, zwei Zentimeter unter ihrem Körper. Sie schweben im Wasser.

Eine weitere Möglichkeit, die Anpassung zu üben: Sie stehen an einem Bach mit möglichst klarem Wasser. Ihr Partner durchquert den Bach besonders aufmerksam, während Sie zurückbleiben. Dann folgen Sie mit geschlossenen Augen. Ihr Partner dirigiert Sie mit Worten durch den Bach und macht Sie auf Hindernisse oder Untiefen aufmerksam.

Sie halten meine Übungen für zu schwierig? Dann sind sie genau richtig, um Ihr vernachlässigtes Element zu stärken! Sie halten Sie für zu leicht? Dann wissen Sie, dass in Ihnen alle Elemente gleichermaßen zum Klingen kommen.

Mit dem Wasser, das am stärksten von allen Elementen die Anpassungsfähigkeit symbolisiert, wurde ich durch Kome vertraut gemacht. Sie war auch während meiner abschließenden Trance-Sitzung im Tempel anwesend. Dabei führte Odame in einer mir unbekannten Sprache ein Gespräch mit einem Menschen, den ich nicht sehen konnte und von dessen Existenz ich nichts wusste – er war ungeboren. Die mit den Techniken der Zwischenwelten vertraute Priesterin jedoch kommunizierte auf ihre Weise mit ihm.

Bei unserem Wiedersehen erinnerte sich Kome an das eigentümliche Gespräch ihrer Vorgängerin. Den genauen Wortlaut wollte sie mir nicht wiedergeben, sie entführte mich jedoch zu einer Gedankenreise ganz ähnlicher Art.

Stell dir vor, du bist ein Funke in der Unendlichkeit der Alles-liebe. Dich umgibt Energie, du bist, hast keine Form, keinen Namen, brauchst keinen Raum. Um dich ist alles still und strahlend hell. Du befindest dich in einer Art Schwebezustand, empfindest friedvolle Geborgenheit.

Ein Fruchtbarkeitsritual wird begangen. In Afrika, in einer Höhle, die den Mutterleib darstellt, hat eine Frau ihre Ahnen angerufen, sie gebeten, sich in ihr zu manifestieren. Während eines Gebetszyklus bitten die weisen alten Frauen des Dorfes die Ahnen um Nachwuchs für diese Frau und ihren Mann.

Du fühlst dich angesprochen, machst dich bereit, diesem starken Ruf zu folgen. Während sich das Paar in Liebe vereint, gleitest du direkt aus dem hellen Schwebezustand in eine win-zige, dunkle Zelle. Du wirst aus purer Energie zum Körper-lichen und befindest dich im Leib einer Frau, die du als deine zukünftige Mutter ausersehen hast.

Du dehnst dich aus, fühlst nach allen Seiten, nach unten und oben, spürst, dass du dort angekommen bist, wo du die nächsten Monate verbringen wirst. Du hast deinen Weg ins Dasein gefunden. Dein kleines Herz beginnt zu schlagen. Die Plazenta ernährt dich. Du fühlst die Wärme, die dich um-gibt.

Deine Mutter erzählt vom keimenden Leben ihrer Familie, bringt die Nachricht in die Gemeinschaft und ein Schwanger-schaftsritual findet statt. Gebete werden gesprochen, Kerzen entzündet und ein Opfer gebracht. Die weisen Frauen, die um deine Ankunft gebeten haben, danken dafür, dass die Ahnen ihren Wunsch erhört haben und du dich aus dem Reich der Allesliebe zurück in die Welt begeben hast. Alle Mitglieder dei-ner künftigen Gemeinschaft verpflichten sich für dich da zu sein.

Während deine Mutter die Hand auf ihren Bauch legt,

spürst du sanftes Streicheln. Du fühlst dich wohl und geborgen unter ihrem Herzen. Du hast das Gefühl zu schweben, liegst im warmen Fruchtwasser, bewegst dich im Rhythmus der Mutter, wirst hin und her geschaukelt, spürst ihre Bewegungen, nimmst ihren gleichmäßigen Atem wahr und lebst im Takt ihres Herzschlags.

Lass deinen Atem im Rhythmus deiner Mutter fließen. Genieße jeden gemeinsamen Atemzug und entspanne dich dabei. Im Bauch deiner Mutter brauchst du nichts zu tun, wirst ganz und gar von ihr versorgt. Ihr Blut sorgt für dein Wohl. Du hörst Stimmen, Musik und Lachen, fühlst dich geliebt und geschützt. Du siehst erste Schatten von Hell und Dunkel, rötliches Licht umgibt dich. Du steckst deinen Daumen in den Mund und saugst daran. Im Bauch der Mutter ist es friedlich.

Manchmal gerät auch die Mutter in Bewegung, und mit ihr du. Sie trägt Wasser, kocht, pflanzt und bewegt sich, stampft, singt und spricht mit anderen Frauen, deren Stimmen du bald so erkennst wie jene deiner Mutter.

Du bist groß geworden und beginnst deine eigene Kraft zu spüren. Nun treffen sich die weisen Frauen des Dorfes. Deine Mutter legt sich in ihre Mitte und Freundinnen streicheln sie, während sie gemeinsam meditieren. Die Älteste hält ihre linke Hand auf den Bauch deiner Mutter und in der rechten eine Hand voll Erde, die langsam auf den Bauch deiner Mutter rieselt. Das Geräusch erinnert dich an deine Aufgabe, demnächst deine Füße auf diese Erde zu setzen.

Der Klang der Stimmen ist so intensiv, dass du spürst: Sie reden mit dir. Sie bitten dich, über dein Lebensziel zu sprechen. Nur du kennst es, du hast es erwählt, als du noch im unendlichen Reich der Allesliebe weiltest. Du benutzt die Stimme deiner Mutter, um dich mitzuteilen. Ihr beide seid jetzt so eng verbunden, wie es nur in dieser Phase deines Lebens möglich ist.

Du erzählst von deinem Wunsch in dieser Gemeinschaft

groß zu werden und diesem Dorf zu Ansehen zu verhelfen. Du kennst deinen Namen; die weisen Frauen erfahren ihn durch den Mund deiner Mutter. Die Alten erkennen diesen Namen wieder, der einer verstorbenen Ahnin deiner Mutter gehörte. Die Alten wissen nun um deine vorbestimmte Aufgabe. Sie werden dich daran erinnern. Zum Schluss danken die Frauen dir und der Energie, aus der du gekommen bist.

Der Tag deiner Geburt wird durch ein Gebet eingeleitet. Du bewegst dich so heftig, dass die Fruchtblase platzt und die Wehen einsetzen. Die Frauen helfen deiner Mutter und deine Geburt geht komplikationslos voran. Auf dem Weg ins Licht hattest du Schmerzen. Nun freust du dich darauf mit der Gemeinschaft zu leben, für die du bestimmt bist.

Dein erster Atemzug schneidet wie ein Messer in deine zarten Lungen. Du siehst helles Licht, hörst die schon vertrauten Stimmen; sie sind ungewohnt laut. Du schmeckst das salzige, blutige Fruchtwasser, hustest den Schleim heraus. Du schreist, und vor Freude über dein erstes Lebenszeichen klatschen alle in die Hände.

Jetzt dürfen die Kinder des Dorfes zu dir. Sie freuen sich über dich und nehmen dich hoch. Wie sie bist du ein Kind dieses Dorfes, wirst dich ihrer Gemeinschaft anpassen.

Du bist angekommen.

Die Dornen herausziehen

Bis meine Krankheit endlich richtig erkannt wurde, vergingen viele Monate. Sie glichen einer Odyssee, während der die konsultierten Ärzte mich mit teilweise schockierenden Diagnosen um den Schlaf brachten. In nicht enden wollenden Nächten wechselten peinigende Alpträume mit panischen Visionen. Ich floh in halbwache Zustände, in denen ich die Bilder meiner Initiation heraufbeschwor. Damals war ich in der verhältnismäßig kurzen Zeit von 16 Tagen einem ähnlich intensiven Wechselbad aus Bangen und Hoffen ausgesetzt gewesen.

Die Priesterinnen weihten hauptsächlich Mädchen an der Schwelle zum Frausein in ihr Wissen ein. Nur gelegentlich machten sie, wie in meinem Fall, eine Ausnahme und nahmen Erwachsene auf. Zum Beispiel Frauen, die nach einem Sinn in ihrem Leben suchten und glaubten, ihn in der Nähe zur Flussgöttin Mammy Water finden zu können.

Während ich über meine Krankheit grübelte, kam mir der Gedanke, dass die Priesterinnen nicht nur ihr Wissen weitergaben, sondern ihre Schützlinge auf Krisen vorbereiteten. Ich versuchte in jedem der von mir erlebten Rituale eine Art von System erkennen zu können, einen logischen Aufbau.

Eine Struktur, wie sie zum Beispiel ein Kinofilm hat: Es gibt eine etwa ein Viertel der gesamten Laufzeit dauernde Einleitung, in der handelnde Figuren und Konflikte vorgestellt werden, einen Hauptteil, der die Hälfte der Zeit in Anspruch nimmt und in dem mehrere Erzählhöhepunkte erlebt werden, sowie ein Ende, etwa so lang wie der Anfang, in dem die Helden Sieg oder Niederlage verarbeiten.

Was, fragte ich mich in schlaflosen Nächten, hatte uns Initiandinnen die Lösung der jeweiligen Aufgabe erleichtert? Was muss man können, um am Ende siegreich zu sein? Wie konnte ich mir Klarheit über meine Erkrankung verschaffen, damit das ewige Rätselraten über Schwere und Folgen ein Ende hatte?

Ich versuchte die Verbündete meiner Träume heraufzubeschwören, um von ihr einen Rat zu erhalten. Mein Körper schmerzte und Panikattacken erlaubten es kaum, mich zu konzentrieren. Ich streckte mich aus und versuchte so zu atmen wie Ajira in der Schwitzhütte, langsam, gleichmäßig und tief.

»Dein Körper herrscht über deinen Geist«, hörte ich Ajira sagen. »Es sollte jedoch umgekehrt sein. Denn zunächst bist du Geist und suchst dir erst dann den Körper, der zu dir gehört.«

Das habe ich während meiner Ausbildung gelernt; doch ich möchte wissen, wie mein Geist wieder über meinen Körper regieren kann.

»In deiner Frage liegt doch bereits die Antwort«, rief die Stimme Ajiras aus der anderen Dimension zu mir herüber.

Das ist mir zu kompliziert, sagte ich und spürte trotz meiner Bemühung bewusst zu atmen wieder die Schmerzen.

»Wenn dein Verstand mir nicht folgen kann, so suche mit deiner Intuition nach der Leopardin«, beschied mich Ajira und schwieg.

Ich fand meine Verbündete dort, wo sie immer ruhte. Hellwach beobachtete sie ihre Umgebung und sah mich kommen. Als ich sie erreicht hatte, sagte sie: Ich sehe schon, das Laufen fällt dir schwer. Hast du dir einen Dorn in den Fuß getreten?

So was in der Art, entgegnete ich. Ich habe so viele Ansichten über meine Krankheit gehört, dass ich völlig verwirrt bin. Allmählich habe ich es satt, Spielball der Spezialistenmeinungen zu sein.

Klingt, als ob in deinem Fuß mehr als nur ein Dorn steckt, sagte die Leopardin und fragte mit gespielter Unwissenheit: Warum ziehst du die Dornen nicht heraus?

Das sind Experten, rief ich ganz aufgeregt, die kennen sich doch aus! Ihre Worte haben Gewicht, die kann ich nicht aus meinem Kopf ziehen wie Dornen aus der Sohle.

Die Leopardin stierte in die Ferne. Sie überlegte laut: Sind deine Experten nicht dasselbe wie du – Menschen?

Unsinn, sagte ich ungehalten, die haben Medizin studiert. Ich bin nur Betriebswirtin. Du weißt wahrscheinlich nicht einmal, was das ist, oder?

Sie blickte gelangweilt. Worüber reden wir eigentlich? Über Dornen, Betriebswirte oder deine Krankheit?

Letzteres.

Dann sollten wir gemeinsam einen Weg finden, wie du mit deiner Krankheit umgehen kannst, und vergessen Mediziner und Betriebswirte.

Ohne Arzt kann ich nicht gesund werden, beharrte ich.

Kann sein. Doch mir scheint, du siehst nicht, welche Möglichkeiten es noch gibt. Willst du mir folgen?

Eine neue Geschichte aus deinem Leben?

Ja, sagte meine Traum-Verbündete, du bist in einem neuen Revier, hast dich mit den Verhältnissen angefreundet ...

... wider Willen, korrigierte ich.

Ungerührt fuhr sie fort: Das spielt keine Rolle. Es geht darum, wie du mit deiner Umgebung umgehst, um dich zu behaupten. Setz dich neben mich. Ich werde dir eine Geschichte erzählen.

Atme tief ein und aus. Entspann dich, vergiss deine menschlichen Sorgen. Vergiss, wer du bist, und stell dir vor: Du bist ich – eine afrikanische Leopardin.

Deine innere Uhr weckt dich, du schlägst die Augen auf und siehst der Sonne zu, wie sie schnell versinkt. Du genießt diesen Augenblick, denn jetzt bricht die Nacht an. Die Dunkelheit ist deine Verbündete. Sie gibt dir Sicherheit und Schutz.

Du dehnst und streckst dich, putzt dein Fell. Hin und wieder blickst du auf, wendest den Kopf, wenn du das Brüllen eines Pavians hörst. Es irritiert dich nicht, du willst nur wissen, wo sich die Affenhorde aufhält. Unter dir vernimmst du leises Rascheln. Eine Schildkröte schiebt ihren trägen Leib gemächlich vorwärts. Nach einer Weile vernimmst du das Heulen einer Hyäne. Ihr Ruf verrät, dass sie ihre Gefährten verloren hat. Doch niemand antwortet ihr. Als sie erneut ruft, klingt ihre Stimme weiter entfernt. Beruhigt räkelst du dich. Sie wird dir nicht begegnen, solange du nicht ihre Aufmerksamkeit erregst.

Mit dem Einzug der Nacht ist es kühler geworden. Du blickst hinauf zum Himmel. Er ist nicht ganz sternenklar, Wolkenfetzen verdecken öfter den fast runden Mond. Diese Nacht wird deine ganze Aufmerksamkeit erfordern. In manchen Phasen wird es sehr hell sein, in anderen rauben die Wolken das Licht des Mondes. Du wirst die Minuten der Dunkelheit klug nutzen müssen. Nur in diesen Intervallen kannst du dich bewegen, ohne gesehen zu werden.

Du befeuchtest deine empfindsame Nase und deine weit vom Kopf abstehenden Barthaare. Beides zusammen bildet deine Antenne, mit der du die Richtung des Windes ortest. Er kann ebenso wie die Wolken dein Verbündeter oder dein Gegner sein. Weht er von vorn, so nimmt er deiner Beute die Mög-

lichkeit, dich zu wittern. Du wirst also darauf achten, dass der Wind beim Jagen niemals in deinem Rücken steht.

Du spürst deine Kraft. Du bist bereit, die Jägerin der Nacht. Du kannst ausziehen, um dein neues Revier zu erkunden. Sobald der Mond hinter einer Wolke verschwindet, springst du geschmeidig herab. Deine Muskeln federn dein Gewicht ab. Niemand hört, dass du dich zurückgemeldet hast.

Deine Tatzen fühlen den von der Sonne noch warmen Boden. Du gehst entspannt, achtest auf herumliegende Zweige, damit sie deinen Schritt nicht verraten. Gelegentlich bleibst du stehen, deine Augen versuchen das Gewirr der Zweige zu durchdringen. Du witterst den Geruch der Gazellen.

Im Morgengrauen der letzten Nacht hattest du eines ihrer Kitze erlegt. Es war zu schwach, um der Herde zu folgen. Du wusstest, dass die Löwinnen nicht weit waren. Sie waren zu zweit. Sie ließen dich das Kitz reißen. Dann kamen sie von beiden Seiten, schnitten dir den Weg ab. Du sahst, dass ihre Flanken eingefallen waren. Sie waren sehr hungrig und ließen dir keine Chance. Du musstest die Beute aufgeben und flüchten.

Deine Augen, die die Dunkelheit durchdringen können, lassen die Nacht klar wie den hellen Tag erscheinen. Du erkennst, dass der Augenblick günstig ist. Die Gazellen sind nicht weit entfernt. Das Savannengras steht hoch. Wenn du dich flach auf den Boden duckst, kannst du ungehindert in die Nähe der Herde gelangen. Du huschst aus dem Schutz des Dickichts heraus, spitzt die Ohren, damit dir kein Laut entgeht. Der Wind steht richtig, du atmest die Ausdünstung der Gazellen. Lautlos pirschst du näher heran. Unvermittelt bleibst du stehen. Du reckst den Hals, um einen besseren Überblick zu haben. Ein kräftiger Bock bewacht seine Familie mit vielen Jungtieren. Er steht gespannt da, wittert und lauscht.

Du bist still. Der Bock ist wachsam. In dem Gehölz, aus dem du gekommen bist, streiten durchdringend laut Paviane.

Der Bock blickt in ihre Richtung, sieht dich aber nicht, obwohl du in gerader Linie von ihm liegst. Du verhältst den Atem, damit dich nicht einmal dieses Geräusch verrät. Dich trennen nur noch wenige Meter von einem Kitz. Du könntest zum Sprint ansetzen. In diesem Augenblick reißt die Wolkendecke auf, der Mond kommt hervor. Du bist schutzlos; er verrät dich. Wenn du jetzt losrennst, stiebt die Herde auseinander. Die leichten Gazellen sind im Vorteil. Dein schwerer Körper kann ihrem wendigen Lauf nur kurz folgen. Du würdest deine Kräfte unnötig verschwenden.

Flach auf den Boden gepresst bleibst du liegen. Die Gazellen fühlen sich sicher und grasen weiter. Die Nacht ist noch lang und du hast viele andere Möglichkeiten deinen Hunger zu stillen. Tatenlos siehst du zu, wie der Bock seine Gruppe von dir fortführt, geradewegs auf eine kleine Bauminsel zu. Dort wachsen saftige Kräuter, die die Gazellen lieben. Du ahnst ihren Plan voraus und erklimmst einen Baum als Ansitz.

Geduldig lässt du die Gazellen auf dich zuweiden. Da der Ast, auf dem du ruhst, nicht hoch ist, kannst du auf deine Beute herabspringen, sobald sie sich unter dir befindet. Doch die Gazellen sind nervös. Als sie nun auch noch den Ruf einer Hyäne vernehmen, sprinten sie in verschiedene Richtungen davon.

Du wirst einen anderen Weg finden, der dich zum Erfolg führt. Deine Warte auf dem Baum verlässt du erst, als du einen Hasen bemerkst. Geschmeidig kletterst du am Stamm herab und suchst dahinter Deckung. Der Mond scheint hell, keine Wolken sind in Sicht, so dass viel Zeit vergeht. Als der Hase an einem Loch scharrt und nicht auf seine Umgebung achtet, reagierst du. Du legst einen kurzen Sprint hin, um dein Ziel zu erreichen. Vergeblich. Der Hase verschwindet im Loch seines Baus.

Du bist durstig geworden und begibst dich zum Wasserloch. Während du trinkst, beobachtest du die Umgebung. Hier bietet dir kein Busch Deckung. Du erkennst zwar eine Herde Antilopen, die von den wachsamen Zebras begleitet wird. Du weißt, dass die Zebras dich auf diesem Terrain sehr früh ausmachen könnten. Der Blick zum Himmel verheißt keine Hilfe. Die Sterne und der Mond leuchten klar und kalt.

Hinter einem Busch findest du eine bequeme Stelle und wartest darauf, dass die Wolken zuziehen. Als es so weit ist, erhebst du dich ohne Zögern und pirschst durch das Gras. Du verlegst dich jetzt auf die Stöberjagd. Du weißt, dass einige Hornträger ihre neugeborenen Kitze im hohen Gras ablegen, wenn sie alleine grasen wollen. Ein sich reglos auf den Boden drückender Hase ist eine mögliche Beute, die du im Vorübergehen aufscheuchst. Doch wieder hast du keine Chance.

Jetzt riechst du die Gazellen. Sie sind nicht weit. Und es ist stockfinster. Niemand kann dich sehen, der Wind dich nicht verraten. Mit stampfenden Schritten bewegst du dich durch das trockene Gras. Direkt auf die Herde zu. Die nervösen Tiere sprengen erschrocken davon. Du setzt ihnen nicht nach. Stattdessen bleibst du wie angewurzelt stehen, atmest nicht. Die Gazellen sind irritiert. Sie wollten flüchten, aber niemand verfolgt sie. Und jetzt wartest du, rollst dich auf die Seite. Du hörst, wie sie allmählich wieder näher kommen.

Du hebst den Kopf und blickst dich um. Du befindest dich jetzt direkt in ihrer Mitte. Du wartest. Regungslos. Eine Gazelle, von der Auseinandersetzung mit einer Hyäne am Hinterlauf schwer gezeichnet, nähert sich arglos. Sie sieht, hört und riecht dich nicht.

Du sammelst all deine Kraft, spannst deine Muskeln, nimmst dein Opfer fest ins Visier. Du siehst bereits den Punkt in ihrem Nacken, an dem deine Zähne zupacken werden. Diese Stelle zieht dich an wie ein Magnet, du riechst den warmen Atem des Tiers. Der Sand spritzt hoch, als du wie ein gefleckter Blitz hochschießt und die Gazelle zu Boden reißt. Ohne auch nur eine Sekunde verstreichen zu lassen, schleifst du ihren Körper zurück zu deinem Baum. Du hievst sie hinauf, in Sicherheit.

Die Jagd war lang und anstrengend, aber erfolgreich. Denn auf Herausforderungen reagierst du flexibel, indem du deine Kreativität benutzt.

*»Wenn der Leopard in den Dornbusch geht, jagt er.
Oder er wird gejagt.«*

Die dritte Stärke der Leopardin: Flexibilität

Am Morgen nach diesem aufregenden Traum spukten zwei Begriffe in meinem Kopf, mit denen die Leopardin ihre Gedankenreise beendet hatte: Flexibilität und Kreativität. Ein Wortpaar, in dem sie offensichtlich eine Einheit erkannte. Unser gemeinsam erlebtes Abenteuer hatte mir vorgeführt, was sie damit meinte. Am Ende ihrer Jagd verwendete sie eine Technik, die völlig gegensätzlich zu ihrer bis dahin benutzten Vorgehensweise war. Sie machte richtig Krach und wurde dann ganz leise. Die Herde kehrte zurück und sie befand sich mittendrin. Lag der Schlüssel zum Umgang mit meiner Krankheit in einem ähnlichen Verhalten? Ich überlegte, welche mir zu Gebote stehenden Mittel jenen meiner Leopardin entsprachen.

Im Einweihungslager hatte ich einen Ausspruch aufgeschnappt, der mir immer wieder durch den Kopf ging: »Wenn der Leopard in den Dornbusch geht, jagt er. Oder er wird gejagt.« Meine Situation glich eher dem Gejagtwerden. Ich musste also für das Gegenteil sorgen. Mitten hinein in den Dornbusch, um selbst zur Jägerin zu werden. Nur so konnte ich meine Interessen wahrnehmen. Mich einer Herausforderung stellen, die kein Spaziergang darstellte. Halbwegs beruhigend daran war nur der Gedanke, dass die Alternative – Opfer zu bleiben – noch weniger Verlockung versprach ...

Im Einweihungslager hatte ich das mentale Rüstzeug dazu durch ein Kettenritual bekommen, das ausgesprochen unangenehm begonnen hatte. Nach einem Tanz, bei dem ich mich völlig verausgabt hatte, wurde mir eine eigentümliche Suppe serviert. Träge schwammen im zähflüssigen Schleim große, dunkle Körner. Der säuerliche Geruch und die graue Farbe ließen unangenehme Vergleiche aufkommen. Ich wusste genau: Wenn ich diese Brühe esse, stößt mein Körper sie auf dem gleichen Weg wieder aus. Heiligkeit des Ortes hin oder her …

Meine Übersetzerin Ifeoma riet zu beherztem Vorgehen: »Halt den Atem an und würg es ganz schnell runter. Dann hast du es hinter dir. Aber zerbeiß nicht die schwarzen Körner!«

Über so viel Lungenvolumen verfügte ich nicht, um diese Suppe atemlos in mich hineinzulöffeln. Ohne den Sinn der Qualen zu begreifen, schaufelte ich tapfer. Bis zum Anschlag, gewissermaßen. Denn im nächsten Augenblick platschte alles aus mir heraus, zurück auf den Boden.

Ifeoma war keineswegs verwundert: »Die Sonne wird es bis morgen getrocknet haben.«

Am nächsten Mittag stellte sich das als zutreffend heraus. Und ich bastelte aus den Kernen, die ich mit bunten Perlen und Muscheln zu kombinieren hatte, eine Kette.

Das Auffädeln war mühsam und hinterließ blutende Finger. Am Ende hatte niemand etwas dagegen, dass ich mir das unter solcher Pein geschaffene Kunstwerk um den Hals legte. Das war mein persönlicher Triumph. Immerhin war ein Teil der Kette durch meinen Körper gewandert.

Ajira, die kleine quirlige Priesterin vom Element Luft, ließ mir durch Ifeoma übersetzen: »Auf diese Weise besteht zwischen dir und der Kette eine besondere Verbindung.«

Oberpriesterin Odame führte uns wenig später zum Fluss. Wir gingen ein paar Schritte hinein, Odame sprach mir unverständliche Worte, tauchte die »kostbare« Kette ins Wasser und hielt sie kurz an meine Stirn. Ich erwartete, dass sie mir den Schmuck wieder anlegen würde. Weit gefehlt: Sie ließ die Kette im Wasser versinken. Ich glaubte, ich müsse sie mir zurückholen und versuchte es. Die Strömung hinderte mich daran – die Kette war verschwunden.

Es tröstete mich wenig, als ich hinterher zu hören bekam: »Mammy Water hat dein Opfer angenommen.«

Eigentümlicherweise tauchte die Kette an einem Platz auf, wo ich sie am wenigsten vermutet hätte: am Hals des Mannes, für den ich die Einweihung ursprünglich auf mich genommen hatte. Victor hatte sie während seiner gleichzeitig stattfindenden Initiation in den Männerbund im Wasser gefunden. Er wusste nicht, wie das Opferstück in den Fluss geraten war. Die Kette hatte ihm einfach nur gefallen. Hätte ich Odame oder eine der anderen Frauen darüber befragen können, so wäre die Antwort wohl gewesen: Die Kette hat ihr Ziel gefunden.

Es gab in diesem Ritual zahlreiche Abschiede, die mit Niederlagen verbunden waren. Doch jedes Mal folgte eine spätere »Belohnung«. Dieser Wechsel gleicht der Jagd der Leopardin in der Savanne. Das zentrale Motiv bildete die Erweckung der geistigen Beweglichkeit.

Nicht das Festhalten wird belohnt, sondern das Loslassen. Gleichwohl bleibt, trotz oder gerade wegen des vermeintlichen Verlustes, das Ziel dasselbe. Die Erkenntnis, dass Geben ein späteres Nehmen nach sich zieht. In diesem Fall die Freude meines Verlobten über den ungewöhnlichen Fund, die er durch das Tragen der Kette zum Ausdruck brachte. Gesteigert wurde dieses Glücksgefühl dadurch, dass er sie nicht meinetwegen trug, sondern, weil sie ihm gefiel. Dadurch entdeckte er sie für sich neu. So wurde sie zu »unserer« Kette.

Während ich in diesen Prozess eingebunden war, konnte ich das Ende nicht absehen. In meinem heutigen Leben ermöglicht mir der Rückblick die Einsicht, dass die augenblickliche Niederlage oder das Versagen nichts zwingend Negatives ist. Das Tal muss durchschritten werden, um zum nächsten Gipfel zu gelangen. Die Leidensphase auf dem Zwischenstück überwinde ich mit Flexibilität. Ich weiche aus und komme dort an, wohin ich will. Weil ich intuitiv weiß, dass es besser wird.

Intuition, die Mutter der Kreativität, hilft Niederlagen zu meistern. Doch Intuition heißt Gefühl und bedeutet, den Kopf schweigen zu lassen, wenn das Herz redet. Gerade ich, deren Berufsleben von Zahlen, Analysen und Logik bestimmt war, hatte während meines Selbsterfahrungstrips in Afrika somit ein wirkliches Problem. Die zwanzig Jahre, die seitdem vergangen sind, und die Erkenntnisse, zu denen mich meine Erkrankung zwang, haben aber auch diese von Odame so genannte »Dunkelheit« ein wenig weichen lassen. Wie die Leopardin habe ich gelernt, dass Flexibilität nicht bedeutet, sich beliebig ein neues Ziel zu suchen, sondern das anvisierte auf neuen Wegen zu erreichen.

Das Gespräch mit der südafrikanischen *Sangoma* Elizabeth hat mich auf die Idee zu einer Übung gebracht, die in ähnlich kleinen Schritten vorgeht wie Ajiras Kettenritual. Während ihrer jahrelangen Ausbildungszeit durchstreift die Naturheilerin das Land. Sie wandert über hohe Berge, durch karge Steppen und satte Wiesen, dichten Regenwald, verbrannte Rodungsebenen und entlang der unendlichen Strände. Sie weiß nicht, was sie sucht. Aber sie findet es – einen ungewöhnlich rundgewaschenen Stein, eine seltene Muschel. Meine Übung folgt diesem Muster mit einem wesentlichen Unterschied: *Sangoma* Elizabeth sammelte, um Gegenstände für ein Orakel zu finden und zu behalten.

Meine Abwandlung des Sangoma-Beutels heißt:

Der Intuitionsbeutel

Zunächst besorgen Sie sich einen kleinen Beutel. Sie können ihn auf unterschiedlichste Weise finden. Zum Beispiel durchstöbern Sie Schubladen oder Schränke, die Sie lange nicht mehr durchgesehen haben. Eine kleine Samttasche von Großmutters Opern-Besuchen? Ein vergessenes Geschenk aus der Kindheit? Eine frühere Handarbeit vom Werk-Unterricht? Am besten also etwas Altes, Vererbtes, Geschenktes, Gebasteltes, Vergessenes, für das Sie schon immer eine Verwendung gesucht haben.

Sie sollen diesen Beutel nicht schnell füllen. Sondern im Lauf der Zeit. Das können Monate, aber auch Jahre sein. Bei einem Spaziergang im

Herbst eine Kastanie, beim Urlaub am Meer Muscheln, beim Wandern in den Bergen Steine, beim zufälligen Bummel über den Flohmarkt ein ungewöhnlicher Anhänger.

Sie lassen sich bei dieser unbewussten Suche treiben. Wählen Sie aus, ohne nach der Bedeutung des Stücks zu fragen. Oder gar, ob es zu den anderen oder Ihnen selbst passt. Auch ein Ring oder eine Haarspange, die Ihnen mal etwas bedeutet hat, darf in den Intuitionsbeutel. Entscheidend ist, dass die Gegenstände Sie ansprechen. Ihre Sinne sind das Eingangstor, durch das sie zu Ihnen finden.

Irgendwann haben Sie vergessen, woraus sich der Inhalt zusammensetzt. Sie leeren den Beutel aus. Die Kastanie zum Beispiel ist steinhart und unansehnlich geworden. Wollen Sie sie behalten? Weil die Erinnerung an einen bestimmten Moment daran hängt?

So befragen Sie jedes Stück. Aber Sie nehmen sich vor, ein Teil aus dem Beutel zu verbannen. Mindestens einen! Es können auch mehrere sein. Möglicherweise bleibt nur ganz wenig übrig. Die Sachen tun Sie beiseite, werfen sie jedoch nie in den Müll. Es ist wichtig, die Gegenstände in einem kleinen Ritual der Natur zurückzugeben, wenn sie von dort stammen, oder anderen Menschen zu übergeben, zum Beispiel als kleines Geschenk. Dieser Abschied bestärkt die Absicht der Trennung. Denn Sie haben das Stück, das Sie fortgeben, eine Zeit lang wertgeschätzt. Sie müssen den Kreis folglich auch wieder schließen, den Sie mit der Aufnahme in Ihren Intuitionsbeutel begonnen haben.

Der höhere Zweck des Intuitionsbeutels ist nicht, zur Sammlerin zu werden. Sondern sich von Dingen trennen zu lernen, die ihre Bedeutung verloren haben. Beim Sammeln und dem Auswerten zählt nicht die Logik, sondern einzig das Gefühl. Der Intuitionsbeutel ist keine Gleichung im mathematischen Sinne. Das kleine Fortsetzungsritual soll eine verstummte Saite in Ihnen zum Klingen bringen – die Un-Logik.

Die Sandschale in meinem Arbeitszimmer, die ich Ihnen schon vorgestellt habe, nutzte ich übrigens ähnlich wie den Intuitionsbeutel, indem ich Stücke daraus dem Gefühl entsprechend entferne und rituell »entsorge«. Beide Übungen fördern meine Kreativität, fordern durch den damit verbundenen Abschied von ein paar Gegenständen aber auch meine Flexibilität. Der Beutel darf nicht zum Grab für vergessene Utensilien verkommen, und sobald sich Staub auf den Gegenständen in meiner Sandschale gebildet hat, ist der Zeitpunkt zum Umräumen gekommen.

Die Krisen, durch die ich hindurch musste, überraschten mich meistens aus heiterem Himmel. Erst im Nachhinein erkannte ich die Zeichen, die dazu geführt haben. Oft hatte ich an alten Gewohnheiten festgehalten, anstatt mich den neuen Erfordernissen anzupassen. Es war, als stopfte ich in eine Tasche so viel hinein, bis die Haltegriffe schließlich rissen. Die Last, die ich mit mir trug, ließ mich nicht mehr flexibel agieren, sondern nur noch *re*agieren. Das brachte mich auf die Idee zu einer kurzen Gedankenreise, zu der ich gelegentlich aufbreche:

Ballast abwerfen

Ich stelle mir vor, dass ich vor einem großen Fluss stehe. An meinem Ufer ist es dunkel und kalt, während auf der anderen Seite die Sonne scheint und es einladend aussieht. Ich fühle mich nicht mehr wohl an diesem Ufer, ich komme mit den Lebensbedingungen nicht mehr zurecht. Ich habe jedoch die Möglichkeit ans andere Ufer zu gelangen. Dazu kann ich eine wackelige Hängebrücke begehen oder ein Fährmann kann mich ans andere Ufer bringen.

Ein paar Dinge will ich mitnehmen. Aber beide Male bin ich gezwungen, mich auf ein winziges Bündel zu beschränken. Der Fährmann hat wenig Platz auf seinem Boot, die Brücke ist wackelig und ich muss mich festhalten. Ich nehme Abschied von allem, was ich nicht wirklich brauche, und mache mich bereit, denn am anderen Ufer winkt mir das Glück.

Ich gebe dem Fährmann einen Wink, damit er mich übersetzt.

Oder wähle ich die Hängebrücke? Die überschreite ich alleine und bin auf mich gestellt.

Auf welche Weise auch immer: Ich habe den Weg ans andere Ufer geschafft und allen Ballast abgeworfen. Ich bin frei und in meinem eigenen Tempo am begehrten Ort angekommen.

Erleichtert blicke ich zurück auf die gegenüberliegende Seite. Ich bin froh, den Schritt gewagt zu haben. Hier sind freundliche Menschen, die mich willkommen heißen. Ich habe den Schritt bewusst getan, bin angekommen. Das andere Ufer ist heller, bietet mir mehr zum Leben. Es ist genau so, wie ich es mir vorgestellt habe. Mit der Entscheidung, alles von mir geworfen zu haben, fühle ich mich erleichtert, meine Reise unbeschwert fortsetzen zu können. Ich gehe meinen Weg, in meiner Zeit, auf meine Art und Weise …

Sind Sie mir gedanklich auf meiner kurzen Kraftreise gefolgt? Welche Bilder sind vor Ihrem geistigen Auge aufgetaucht? War der Fährmann ein stämmiger Kumpeltyp oder ein schwer zu durchschauender Geselle? Wie haben Sie sich die Hängebrücke vorgestellt? Stahlseile und Planken oder ein windiges Ding mit lauernden Alligatoren darunter? Aus welchen Gründen haben Sie den Fährmann gewählt und nicht die Hängebrücke? Angst vor der Tiefe? Im umgekehrten Fall: Warum die Hängebrücke und nicht der Fährmann? Angst, sich einem Fremden anzuvertrauen? Lust am Sichausprobieren contra Lieber-das-geringere-Übel?

Diese Kraftreise durchlebe ich oft im Traum und entscheide mich je nach Verfassung. Es kommt auch vor, dass ich mein Ufer angesichts der beiden Möglichkeiten gar nicht verlasse. Das sind jene Tage, an denen ich mit bleischweren Gliedern erwache. Meine Träume haben dann den Ballast nicht von mir genommen ...

Träume, auch, wenn wir sie im Einweihungslager aus Gründen des geistigen Reifungsprozesses nicht aussprechen durften, sind für mich ein wichtiger Weg zur Problemlösung. Meine Traum-Partnerin, die Leopardin, hat sich während unserer gemeinsam erlebten Jagd einfach zur Seite gerollt und ein wenig gedöst. Mein Alltag verläuft nicht so aufregend wie ihrer, aber ich wende ihre Methode an, wenn mein Körper mir die Alarmzeichen des Stresses sendet. Manche Menschen überkommt in Momenten der Überforderung ein Zittern, anderen bricht der Schweiß aus, einige leiden an Magenkrämpfen oder die Haare stellen sich auf. Wieder andere werden von Gähn-Attacken geplagt. All das sind Überbleibsel des instinktiv reagierenden Ur-Tieres in uns.

Wir sollten versuchen auf sie zu hören, anstatt sie zu ignorieren.

Ich gönne mir dann fünf Minuten Auszeit. Ich nenne diese Pause:

Katzenschlummer

Machen Sie es wie ich und ziehen sich in eine ruhige Ecke zurück, legen die Beine hoch und schließen die Augen. Es gibt viele Möglichkeiten, durch die Kraft der Phantasie einen inneren Reinigungsprozess in Gang zu setzen. Sie können Gelegenheiten imaginieren, die Ihnen gut tun. Wenn Sie sich bereits mit Ihrem Elementtyp beschäftigt haben, fällt es leichter, sich die passende Umgebung oder ein Erlebnis zu erträumen: eine Bootsfahrt, ein Spaziergang im Wind, ein Sonnenaufgang, eine Wiese voller Blumen. Ihr jeweiliges Element hilft, sich von der Last des Augenblicks zu befreien. Verweilen Sie an diesem Ort bis Sie ihn riechen, hören und fühlen. Dann versprechen Sie sich, dorthin demnächst zurückzukehren und schlagen die Augen wieder auf.

Nach der Lehre der Priesterinnen symbolisiert die flexible Luft die Veränderung stärker als jedes andere Element. Ajira erklärte mir: »Ist der Atem nicht im Rhythmus mit dir, so schweifen deine Gedanken ab. Wenn du richtig atmest, führst du deinem Körper Energie zu, dein Geist wird klarer, du bekommst mehr Lebensfreude, strahlst von innen und dein Denken wird schärfer.«

Der Atem ist also die Brücke zwischen Sinnen, Gefühlen und Gedanken. Wer richtig atmet, besiegt letzten Endes seine Angst. Auch vor der Veränderung.

Ajira, die Priesterin der Luft, sagte: »Mit Eintritt ins Leben beginnt der ureigene Atem. Man wird damit geboren, lebt und nimmt ihn mit sich, wenn man stirbt. Luft durchdringt Wolken, Erde und alle Materien. Luft ist die Quelle aller Erkenntnis, die Nabelschnur zum Universum. Sie verbindet Innen- und Außenwelt miteinander. Unsere Lunge ist wie eine Trommel, die gut gespannt, die besten Töne von sich gibt.«

Die richtige Spannung dieser »Trommel« erreiche ich durch eine von Ajiras Übungen:

Der entspannte Augenblick

Ich setze oder lege mich bequem hin und beginne mit tiefem Ein- und Ausatmen. Ich versuche keine Gedanken festzuhalten, beurteile und werte nichts. Dann beginne ich meine Atemzüge zu zählen.

Einatmen ... eins, Einatmen ... zwei, Einatmen ... drei, Ausatmen ... eins, Ausatmen ... zwei, Ausatmen ... drei. Ich atme im Rhythmus des Zählens und lasse mich nicht von meinen Gedanken überrollen, atme intensiv und beginne mit dem Zählen wieder von vorn, wenn ich nicht mehr weiß, wo ich stehen geblieben bin.

Beim geöffneten Fenster ist der Energieschub zwar am größten, doch diese Übung können Sie auch in geschlossenen Räumen, zum Beispiel während eines unerfreulich verlaufenden Gesprächs oder in öffentlichen Verkehrsmitteln, ausführen. Nach dem Motto, dass jeder Augenblick des Lebens zählt, halte ich es für wichtig, meine Flexibilität zu pflegen, um wieder kreativ sein zu können.

Die Natur ist die größte Quelle der Intuition. Dort die Sinne zu schulen oder gar zu neuem Erleben wach zu kitzeln, versuche ich bei jeder sich bietenden Gelegenheit. Mit anderen Worten: viel zu selten ... Wir leben in der Stadt. Wenigstens in den Ferien versuche ich mit meiner Familie aus der natürlichen Quelle der Inspiration reichlich zu trinken. Wir meiden große Hotelanlagen, die zu einem Leben verleiten, das dem Alltag in vielem ähnelt. Da diese Gelegenheiten rar sind, sorge ich mit dieser kleinen Zeremonie zu Hause für Entspannung und stimuliere gleichzeitig dabei meine Sinne:

Eine gute Atmosphäre schaffen

Vor jeder magischen oder rituellen Handlung ist es unerlässlich, negative Schwingungen in der Umgebung zu zerstreuen. Es ist dem Händewaschen vor dem Kochen und Essen vergleichbar.

Afrikanerinnen benutzen dazu Pflanzen, die beim Verbrennen durch Rauch die Atmosphäre reinigen. Diesen Vorgang nennt man Räuchern.

Ich binde am liebsten getrocknete Salbeistängel, manchmal vermischt mit Zitronengras oder Lavendel, zusammen und entzünde ein Ende. Manchmal muss ich heftig fächeln, um das Glimmen zu erhalten. Der Rauch verteilt sich dadurch im Raum.

Ich fächle den Rauch zuerst durch die Brust, dann zum Kopf, dann hinunter zu den Füßen, damit der ganze Energiekörper damit bedeckt wird. Ich atme dabei ein- oder zweimal tiefer ein, um zu inhalieren. Diese Zeremonie verbreitet erfrischende und positive Energie. Je nach Stimmung, die ich hervorrufen will, variiere ich die Kräutermischung.

Die Kräuter können abschließend in einem mit Erde oder Sand gefüllten Tongefäß gelöscht werden.

Sich in Flexibilität zu schulen, ist gewiss eine der schwersten Übungen. Aber darum umso wichtiger. Unsere starren Tagesabläufe lassen vergessen, was wir einmal waren – Kinder, die sich mit Kleinigkeiten zu beschäftigen wussten. Täglich entdeckten wir Neues, wo heute Routine herrscht. Ich erinnerte mich an eine Geschichte aus Ajiras Kindheit, die sie mir erzählt hatte.

Das Kinderspiel

Stell dir vor, du bist ein kleines Mädchen und lebst in einem Dorf in Afrika. Du wurdest in eine große Familie hineingeboren, hast viele Geschwister und Verwandte. Deine Mutter trug dich lange auf ihrem Rücken mit sich herum. Jetzt sagt sie, dass du zu groß geworden bist. Denn sie hat einen kleinen Sohn bekommen, deinen Bruder. Du würdest dir dein Brüderchen gern so auf den Rücken binden, wie deine Mutter es mit dir gemacht hat. Sie sagt, dass du dafür noch zu klein bist. Sie will dich auch nicht mehr mit aufs Feld nehmen und lässt dich bei den alten Frauen und den gleichaltrigen Kindern im Dorf.

Du stromerst herum und stehst unter einem Mangobaum. Die großen Früchte sind süß und saftig. Du hast Durst und möchtest eine Mango essen. Sie hängen unerreichbar hoch. Du findest einen Stock, doch er ist zu kurz, um die Früchte herunterzuschlagen. Endlich hast du einen entdeckt, der an eine der niedrig hängenden heranreicht. Sie fällt zu Boden und kullert davon. Ein älteres Kind schnappt sie dir weg.

Du bist traurig und versuchst dein Glück vergeblich aufs Neue. Nicht weit entfernt spielen ein paar der älteren Kinder ein Wurfspiel mit Steinen. Sie lassen dich mitmachen. Als du dich ungeschickt anstellst, lachen sie und du magst nicht mehr mitspielen. In deinem Bauch spürst du einen leichten Druck, der in deinen Hals hochwandert und dort sitzt wie ein dicker Kloß. Du würdest jetzt gern die Nähe deiner Mutter spüren, ihre Bewegungen mitmachen, während du dich an ihren warmen Rücken schmiegst. Doch dort ruht dein kleiner Bruder.

Deine Füße stoßen gegen eine Kokosschale. Du hebst sie auf und betrachtest sie. Du probierst aus, ob du sie so auf dem Kopf balancieren kannst wie die Frauen, die in Schüsseln Wasser vom Fluss holen. Nach ein paar Versuchen gelingt es dir tatsächlich, einige Schritte mit der halben Schale auf dem Kopf zu machen. Du gehst hinunter zum Fluss. Du fuhlst dich jetzt besser und hoffst, deinen Vater am Wasser zu finden, wo er fischt. Vielleicht ist auch eine deiner Großmütter dort und wäscht. Du stellst dir vor, die halbe Kokosnuss schwimmt auf dem Wasser wie das Boot deines Vaters. Vor Freude singst und klatschst du in die Hände.

Die Schale auf deinem Kopf fällt zu Boden. Du bückst dich, um sie aufzuheben. Im Erdreich steckt eine Wurzel, die von der Morgensonne beschienen wird. Ihr Holz ist hell und leuchtet. Du fasst sie an, rüttelst an ihr. Sie bewegt sich, sitzt aber zu fest, als dass du sie aus dem Erdreich herausziehen könntest.

Du betrachtest die Wurzel von allen Seiten. Ihr oberes Ende hat einen kleinen Knoten, der an einer Stelle hervorsteht. Du nimmst deine halbe Kokosnuss. Sie hat ein paar kleine Zacken, mit denen du beginnst an dem Knoten zu kratzen. Das Wurzelholz ist weich und du schabst zwei kleine Vertiefungen hinein. Darunter ritzt du einen nach oben gebogenen Halbmond.

Du legst dich auf den Bauch und betrachtest die Wurzel. Sie hat ein Gesicht. Es lacht dich an. Wieder ziehst du an der Wurzel, kannst sie aber nicht aus der Erde befreien. Du nimmst die Kokosschale, läufst zum Fluss und schöpfst Wasser, mit dem du zur Wurzel zurückeilst. Das wiederholst du so oft, bis das Holzstück in einem kleinen See badet. Du beginnst die aufgeweichte Erde herauszubuddeln und ruhst nicht eher, bis die ganze Wurzel vor dir liegt.

Sie ist sehr schön; es sieht aus, als ob sie Arme und Beine hat. Jetzt hörst du die Stimme einer deiner Großmütter, die dich zum Essen ruft. Du springst auf und rennst zu ihr. Eine Portion Brei stillt deinen Hunger. Während du isst, siehst du eine Feldhacke neben dir liegen. Bevor du aufgegessen hast, packst du die Hacke und läufst zurück zu deiner Wurzel.

Die Sonne hat den kleinen See getrocknet. Du erkennst den Punkt, an dem du die Hacke ansetzen musst, um so, wie es deine Mutter macht, eine Wurzel zu durchtrennen. Das Holz ist härter, als du gedacht hast. Du brauchst lange. Endlich hast du es geschafft. Du hältst die Wurzel in der Hand, betrachtest sie im Sonnenlicht. Es gelingt dir, die Vertiefungen zu vergrößern, bis dich ihr Gesicht anlacht.

Du musst sie waschen, damit sie sauber wird. Du gehst mit der Wurzel und der Kokosschale zum Fluss, füllst Wasser in die Schale und spülst den Kopf der Wurzel und ihren Körper ab. Mit der Hacke machst du dich am unteren Ende der Wurzel zu schaffen. Schließlich betrachtest du dein Werk zufrieden.

Die Wurzel hat Beine, Arme und einen Kopf mit Gesicht. Aber sie ist sehr nackt; sie braucht etwas zum Anziehen. Du spazierst mit deiner Wurzel im Arm durch die Pflanzungen, die zum Dorf gehören. Auf dem Weg dorthin findest du kleine Pflanzenteile, Federn und Blumen, aus denen du eine Kette fertigst, die du der Wurzel so umbindest, wie dein Brüderchen eine um den Bauch gebunden trägt.

Du stehst in einem Feld, das mit Mais, Kassava, Bohnen und Bananenstauden bepflanzt ist. Du löst ein Bananenblatt ab, rupfst es zurecht, bis es die passende Form hat. Nun wickelst du die Wurzel in dieses Blatt so, wie du selbst das Tuch um deine Hüften trägst. Mit Spucke befeuchtest du den Kopf der Wurzel und reibst ein wenig Sand darauf.

Jetzt gehst du in die Hütte deiner Eltern. Dort findest du ein Stück Stoff, das du dir an den Körper hältst. Es hat die richtige Länge. Du beugst dich nach vorne, legst dir die Wurzel auf den Rücken und bindest sie mit dem Stoffstück an dir fest.

Hoch erhobenen Kopfes trittst du aus der Hütte deiner Eltern. Jeder kann sehen, dass du alt genug bist, um ein Baby auf dem Rücken zu tragen. Du kannst allein für dein Baby sorgen. Du bist ein großes Mädchen.

Langsam laufen

Der von anfänglicher Genügsamkeit geprägte Weg der Leopardin durch ihr neues Revier hatte ihr Anpassungsfähigkeit abverlangt, mit der sie ihre neue Umgebung zu schätzen lernte. Flexibilität verschaffte ihr erste Jagderfolge.

Auch in diesem Punkt hatte ich mich an ihr orientiert, um mich von meiner Erkrankung nicht unterkriegen zu lassen. Vor allem über das Internet, das meiner der Leopardin abgeschauten Leidenschaft fürs Stöbern und Aufspüren sehr entgegen kam, fand ich Betroffene, die unter den gleichen Symptomen litten. Ich entdeckte Fachliteratur, doch sie war schwer zugänglich, weil sie damals nur in den USA verlegt wurde, wo auch die Experten saßen, mit denen ich mich per E-Mail austauschte. Mein Wissen über die Krankheit blieb rein theoretisch. Mir fehlte die Verbindung zu meinem eigenen Fall, ein Arzt, der mir erklären konnte, ob ich mit meiner selbst gestellten Diagnose richtig lag.

Der wichtigste Baustein in meiner künftigen Behandlung klaffte wie eine riesige Lücke in der aus Wissen errichteten Mauer meiner Belesenheit: die Medizin. Was nutzte mein ganzer Einsatz, wenn ich an der Krankheit litt ohne Linderung in Aussicht zu haben? Wieder war ich an einem Punkt angekommen, an dem ich nicht weiter wusste.

Ich fühlte mich wie »meine« Leopardin: Gestählt für

die Jagd, aber es gab nirgends die Fährte einer möglichen Beute.

Voll Ratlosigkeit rief ich meine Traum-Verbündete: Was machst du in einem solchen Fall?

Sie blickte mit stoischer Ruhe hinaus in die weite Landschaft. Ich warte, antwortete sie.

Warten? Wie lange denn?

Von ihrer erhöhten Position sah sie mit einem Ausdruck milder Nachsicht auf mich herab, um mich schließlich an ihrer Weisheit teilhaben zu lassen: Es hat keinen Sinn zu rennen, wenn das Ziel nicht erreichbar ist.

Wann ist es das denn?

Die Jagd-Expertin gähnte: Sobald die Zeit gekommen ist.

Diesmal erschien sie mir als keine gute Ratgeberin. Entmutigt ließ ich die Schultern hängen.

Ich brauche eine Antwort, seufzte ich. Verstehst du denn nicht, was ich meine? Ich habe einen Zipfel der Erkenntnis in der Hand. Dieses Stück allein reicht mir nicht. Ich muss das ganze Tuch haben. Sonst nutzt mein aufwändiges Stöbern nichts.

Erinnerst du dich an unsere erste Begegnung?, fragte die Leopardin. Du bist damals in den Wald hineingerannt.

Ja, sagte ich gequält, das weiß ich doch.

Sie leckte sich die Pfote und musterte mich: Du rennst schon wieder. Rennen macht dich nur schnell, aber dadurch erreichst du nicht unbedingt das Ziel.

Du hast gesagt, ich erreiche das Ziel, wenn die Zeit gekommen ist, aber rennen soll ich nicht. Meinst du, ich soll untätig herumsitzen und nur warten?

Meine Verbündete entgegnete rätselhaft: Warten ist nicht gleich Warten. Meine Untätigkeit sieht nur für dich so aus. Dabei beurteilst du den äußeren Schein. Was in mir vorgeht, erkennst du nicht.

Die Auskunft der Leopardin erinnerte mich an ein Erlebnis, das mir im Einweihungslager völlig nebensächlich erschienen war.

Gemeinsam mit meiner Übersetzerin Ifeoma war ich im Wald unterwegs. Sie war ungewöhnlich schweigsam. Schließlich fragte sie: »Gehen alle Weißen so schnell?« Ich war verblüfft. Mein Tempo erschien mir nicht übertrieben.

Einige Tage später begleitete ich meine Lehrerin Ajira, mit der ich nur durch Ifeoma sprechen konnte. Die beiden wechselten ein paar Worte, dann lachte Ifeoma. »Ajira fragt, ob dich ein wildes Tier verfolgt.« Es entspann sich ein Dialog über die Art, wie Weiße sich fortbewegen.

Er endete damit, dass die für das Element Luft zuständige Priesterin sagte: »Wenn du es eilig hast, so lasse deinen Geist vorauseilen. Dann kommt dein Körper ausgeruht am Ziel an.«

Ging es mir bei der Suche nach einer angemessenen Behandlung für meine Krankheit wieder so wie damals im Urwald? Lief ich zu schnell? Wollte ich etwas erzwingen, wofür die Zeit noch nicht reif war?

»Meine« Leopardin legte den Kopf auf ihre Vorderpfoten und sah mich aus rätselhaft grünen Augen nachdenklich an.

Setz dich, sagte sie, ich erzähle dir eine Geschichte.

Atme tief ein und aus. Entspann dich, vergiss deine menschlichen Sorgen. Vergiss, wer du bist, und stell dir vor: Du bist ich – eine afrikanische Leopardin.

Neben deinen zwei Jungen schläfst du tief im Urwald. Euch umgibt ein schützendes Gewirr von Ästen und Blättern. Der Hunger weckt dich. Träge hebst du den Kopf, nimmst die Atemzüge deiner zusammengerollt ruhenden Kinder wahr.

Deine sanfte Bewegung hat die beiden erwachen lassen. Mit ihren weichen Tatzen stupsen sie in deine Flanke. Sie haben Hunger und wollen gesäugt werden. Du schiebst sie sanft von dir und erhebst dich. Sie blicken zu dir auf, verstehen nicht, dass du verweigerst, was du ihnen so oft schon gegeben hast. Du kannst sie nicht mehr bei dir trinken lassen; ihre Zähne sind bereits kräftig und lang.

Es ist heller Tag, nicht deine Zeit für die Jagd. Der Hunger treibt dich aus der schützenden Höhle. Deine Jungen bleiben aneinander geschmiegt liegen. Wenn du sie schon nicht säugst, so erwarten sie zumindest, dass du ihnen einen Riss bringst, den sie im Schutz des Verstecks fressen können.

Der Anblick schmerzt dich, du liebst deine Kinder und hast sie im ersten Jahr ihres Lebens beschützt. Sie am Nacken gepackt und eilig in ein Versteck gebracht, sobald Gefahr drohte. Jetzt aber hast du keine andere Wahl, als sie aus der Geborgenheit der Höhle hinauszutreiben. Ihre Kindheit geht dem Ende zu; sie müssen lernen, für sich selbst zu sorgen.

Du streckst den Schwanz hoch in die Luft. Dieses Signal bedeutet ihnen, dir zu folgen. Gehorsam heften sie sich an deine Fersen. Schon bald hast du die Fährte eines Hasen aufgenommen. Er kann noch nicht weit entfernt sein. Die Nase dicht am Boden folgst du ihm, kannst ihn schon hören, denn der Wind steht günstig. Du schleichst kaum hörbar, bis du den Hasen siehst und presst dich flach auf die Erde.

Kaum liegst du, springen deine Jungen dir in den Nacken, beißen dich. Sie purzeln übereinander, lärmen.

Der Hase blickt nicht einmal auf. Blitzschnell hastet er in ein Erdloch und verschwindet.

Deine beiden Kinder tummeln sich, rennen hintereinander her. Den Hasen haben sie nicht einmal bemerkt.

Du stößt ein laut vernehmliches Brummen aus, deine schärfste Form sie zu tadeln. Sie sehen dich erschrocken an und springen auf dich zu. Sie suchen Versöhnung. Jetzt bleibst du hart, bleckst deine Zähne. Deine Jungen schrecken zurück, kauern sich flach auf den Boden wie du. Sie haben verstanden, was du ihnen sagen willst: Entweder ihr stillt euren Hunger oder ihr spielt. Beides gleichzeitig geht nicht. Und sie sind sehr hungrig, so wie du. Das musst du ausnutzen, mag es dir auch noch so schwer fallen. Allein hättest du den Hasen längst geschnappt und die beiden würden sich daran gütlich tun, während du der nächsten Spur folgst.

Du erhebst dich, gibst ihnen mit dem Schwanz das Signal, dir zu folgen. Die Spur eines Buschferkels hast du rasch ausgemacht. Deine beiden Kinder kennen diesen Geruch. Zufrieden siehst du, dass sie auf ihren Instinkt horchen und die Fährte aufnehmen. Sie rennen durch den Busch, springen behände über quer liegende Bäume. Dabei scheuchen sie das Ferkel auf, quietschend rast es davon, deine beiden hinterher. Sie überbieten sich gegenseitig bei diesem Wettlauf, springen über kleine Pfützen, landen im Schlamm und keuchen weiter.

Sie werden dieses Ferkel nicht fangen, nacheilen sollen sie ihm dennoch. Hungriger werden. Begieriger, einen Riss zu machen. Der Hunger wird ihnen ein noch besserer Lehrmeister sein als du.

Inzwischen bleibst du still stehen. Die Ohren aufgerichtet lauschst du der Jagd deiner Kinder. Nach einer Weile kehren sie zurück, über und über mit Schlamm bedeckt. Ihre Flanken beben, sie lassen die Zunge hängen. An ihrem bemitleidenswerten Aussehen erkennst du, wohin die Hatz geführt hat: in den kleinen Tümpel, der in der Nähe ist. Mit großen, traurigen Augen flehen sie dich an, ihnen zu helfen.

Du wendest dich ab, gehst voraus. Du schlägst eine andere Richtung ein. Nicht weit entfernt hast du in der vergangenen Nacht eine Gruppe niederer Antilopen ausgemacht. Du führst sie an diese Stelle, setzt dich und blickst die Gegend ab. Deine beiden reihen sich neben dir auf wie eifrige Musterschüler. Anfangs spähen sie mit glänzenden, großen Augen. Doch es wird ihnen rasch langweilig. Tollpatschig purzeln sie übereinander, hängen sich spielerisch an deinen Hals, als wollten sie bereits an dir einen Riss ausprobieren. Ungerührt lässt du es geschehen.

Endlich siehst du eine arglose Antilopenmutter mit ihrem Kitz. Du schüttelst deine Kinder von dir und zeigst ihnen einen Weg hin zu dieser möglichen Beute. Ihr nehmt einen Umweg durch den Wald bis zu einer Stelle, von der sie angreifen können. Es sind nur noch wenige Meter. Zwischen der Beute und euch befindet sich ein Busch, der euch tarnt. In der feuchtheißen Luft weht kein Wind. Die beiden haben das Ziel erkannt. Ihr Instinkt erwacht.

Obwohl der Hunger dich quält, bleibst du zurück. Deine Jungen müssen es allein schaffen. Sie schnüren leise bis zu dem Busch, hinter dem die Beute wartet. Die beiden sprinten zu früh los, machen dabei einen unsäglichen Krach. Die kleine Antilope und ihr Kitz schlagen wendige Haken und entkommen. Ausgerechnet in deine Richtung rasen sie, sprinten direkt an dir vorbei.

Du rührst dich nicht. Wie ein Baum liegst du am Boden und lässt das Jagdglück an dir vorbeiziehen. Du hörst den keuchenden Atem deiner Kinder, die der Beute folgen. Obwohl es sinnlos ist, diesen kleinen Tieren mit ihren starken Springbeinen nachzuhetzen, geben deine Jungen nicht auf. Du erwartest ihre Rückkehr und rollst dich auf die Seite, um deine Kraft zu schonen.

Ausgepumpt kommen sie zu dir zurück. Sie suchen deine Nähe, wollen sich an dich kuscheln. Während du hier so ruhig ausgeharrt hast, hat deine empfindliche Nase eine Gruppe Warzenschweine ausgemacht. Sie können nicht weit entfernt sein. Gegen die mächtigen Hauer des Muttertiers haben deine Jungen keine Chance. Du beschließt, die Sau von den Ferkeln zu trennen. Den Rest müssen deine beiden allein machen. Das Risiko, das du dabei eingehen wirst, ist sehr hoch, denn selbst du kannst gegen ein ausgewachsenes Warzenschwein nur mit viel Geschick bestehen.

Entschlossen machst du dich auf den Weg, deine Jungjäger im Schlepptau. Sie sind leise, scheinen endlich zu begreifen, dass sie sich den Erfolg verdienen müssen.

Ihr findet die Warzenschweine auf der anderen Seite des Tümpels, wo sie den Morast umpflügen. Du erkennst mit einem Blick, dass eure Chancen ausgezeichnet sind. Wenn du dich zwischen die Sau drängst, können deine Kinder sich eines der schon recht großen Ferkel schnappen. Entsprechend schleicht ihr euch zu dritt an, den Körper an den morastigen Boden gepresst. Du setzt deine Tatzen vorsichtig in den Schlamm, siehst, dass deine Jungen es dir gleich tun. Du bist zufrieden; sie beginnen zu lernen.

Jetzt musst du dich von ihnen trennen, um dich auf die Sau zu konzentrieren. Während du dich zur Seite schlägst, bedeutest du ihnen zu warten. Sie blicken dich aufmerksam an. Du bist nicht sicher, ob sie wirklich verstanden haben, was du planst. Bedächtig pirschst du dich an das Muttertier heran, behältst deine Jungen gleichzeitig im Auge. Deine Taktik scheint aufzugehen: Die beiden bleiben liegen.

Du warst durch die Aufmerksamkeit, die du ihnen geschenkt hast, abgelenkt. Viel zu schnell trittst du in ein Wasserloch. Es ist zu tief, du sinkst ein, musst dich durch einen

Sprung befreien. Jetzt hat dich das große Warzenschwein entdeckt. Mit gesenktem Kopf stürmt es auf dich zu. Die Ferkel springen nach einer langen Schrecksekunde auf. Das weckt den Jagdinstinkt deiner Kinder, sie stürzen sich auf die Schweinchen, die direkt auf sie zurennen.

Mehr kannst du nicht erkennen, denn die schwere Sau ist direkt vor dir. Ihre gelben, langen Zähne wirken bedrohlich. Du musst sie ganz nah herankommen lassen, bevor du dich in Sicherheit bringst. Sonst macht sie kehrt und verteidigt ihren Nachwuchs. Also wartest du noch einen Moment länger, während dein Herz dein Blut mit rasendem Tempo durch die Adern presst. Du spannst die Muskeln, springst auf. Direkt auf die Sau zu. Sie schreckt zurück.

Du hast nicht bedacht, dass der sumpfige Boden dir zu wenig Halt gibt, um elastisch hoch zu federn. So wirkt deine Bewegung müde und langsam. Der Sprung, der dir gelingt, ist zu flach und zu kurz. Das Warzenschwein ist durch seine Hufe im Vorteil. Es dreht sich und erwischt deine empfindliche Flanke. Du achtest nicht auf den Schmerz und siehst zu, dass du so schnell wie möglich festen Boden gewinnst. Wie der Blitz rennst du davon, hörst in deinem Rücken das Schnaufen des wütenden Tiers.

Einige quer liegende Bäume sind deine Rettung. Du hechtest über sie hinweg, nutzt einen umgeknickten alten Baum als Aufstieg und kletterst hinauf. Auf dicken Ästen balancierend blickst du in die Tiefe. Grunzend und schnaufend steht die Sau unten und sieht zu dir nach oben. Für sie hast du jetzt kein Auge mehr. Du spähst mit angehaltenem Atem und aufgestellten Ohren zurück zum Tümpel. Du hörst ein schwaches Quieken, dann herrscht Stille. Deine Jungen, so kannst du nur hoffen, haben erfolgreich beendet, was du begonnen hast.

Jetzt musst du die Sau, die immer noch wenige Meter unter dir wütend schnaubt, beschäftigen, damit sie sich nicht sofort an ihre Ferkel erinnert. Vorsichtig kletterst du den Baumstamm hinab. *Gerade so viel, dass sie nahe kommt. Du stößt mit einer Vordertatze nach ihr, sie erwidert deinen Scheinangriff. So hältst du das Warzenschwein eine Weile in Schach. Immer wütender und gleichzeitig vergeblicher werden seine Angriffe. Rückwärts gehst du den Stamm ein Stück weit hoch. Mit einem weiten, langen Satz springst du über die müde gewordene Sau hinweg.*

Dein Weg führt dich tiefer hinein in den Wald, wo du einen Baum findest, den du erklimmst, sobald die Sau dich fast erreicht hat. Du legst dich auf den Ast und beginnst die Wunde an deiner Flanke sorgsam zu lecken. Du musst lange warten, bis das Warzenschwein einsieht, dass es dich nicht mehr erreichen kann. Darüber wird es dunkel. Die Verletzung schmerzt nicht mehr so stark, aber der Hunger meldet sich wieder.

Sobald es Nacht geworden ist, schleichst du durch den Wald. An mögliche Beute verschwendest du keinen Gedanken; du nimmst die Fährte deiner Jungen auf. Sie führt vom Tümpel zurück zu eurem Versteck, wo du deine Kinder findest. Sie schlafen. Die sauber abgenagten Knochen eines Ferkels liegen neben ihnen. Du betrachtest deine beiden mit einem Gefühl höchster Zufriedenheit.

Deine Kraft ist in dieser Nacht gering. Du wirst nicht weit laufen können. So legst du dich in der Nähe der Höhle auf die Lauer. Du wirst hier warten. Irgendeine Beute wird kommen. Du brauchst nur etwas Geduld.

»Aus einem Grashalm
wird einmal ein ganzes Vogelnest.«

Die vierte Stärke der Leopardin:
Geduld

Geduld war mein ganzes Leben lang mein persönlicher Schwachpunkt. Ich bin oft wie ein Leopardenjunges, das einen Hasen entdeckt hat, losgestürmt. Mit brennender Lunge und hängender Zunge blieb ich zurück. Geduld ist eine Tugend, die ich mir durch Misserfolge mühselig aneignen musste.

Der Umgang mit meiner Krankheit verlangte mir erstmals eine größtmögliche Portion Geduld ab. Ich fühlte mich wie jemand, der an einem großen Puzzle baut. Manche Teile waren klar zu erkennen, andere noch weiße Flecken. Die bereits fertigen Teile schienen jedoch nicht zusammenzupassen. Je mehr ich mich über das Internet mit Experten austauschte, desto mehr erfuhr ich. Ich verstand, dass gerade die verschiedenen Symptome das Wesen meiner Krankheit ausmachten. Der zunächst harmlos klingende Name der »Familie«, zu der meine Erkrankung zählte, schien auf ein Allerweltsleiden hinzudeuten – Rheuma.

Ich hatte jedoch eine besonders arglistige, entzündliche Form erwischt. Und sie war chronisch. Also unheilbar. Sie kann unter Umständen so ziemlich alle Organe des Körpers mal mehr, mal minder stark betreffen. Die Krankheit tarnt und verändert sich wie ein Chamäleon, kann unterschiedliche Organe angreifen. Um das zu verhindern, müssen vorbeugend Medikamente genommen werden.

Mir war klar, dass eine unvorsichtige Medikation im

komplizierten Geflecht eines Körpers, der sich in einer Art von Krieg gegen sich selbst befindet, eine unabsehbare Kettenreaktion auslösen kann. Die Suche nach der richtigen Arznei rieb mich auf. Ich begann mich über Sekretärinnen und Assistenzärzte vorzukämpfen, um mit den an der neuesten Forschung beteiligten deutschen Professoren einen Termin zu bekommen. Nach manchen Gesprächen kehrte ich niedergeschlagen heim: Man hatte mir gesagt, dass medizinische Laien von den komplizierten Vorgängen im Körper keine Ahnung haben könnten. Die verzweifelten Hinweise auf meinen per Computer geführten Austausch mit Fachleuten in den USA fruchtete nicht. Sie machte alles noch viel schlimmer: Das Internet symbolisierte den Koryphäen nur einen gefährlichen Hort des Halbwissens.

Man riet mir zu einem bestimmten Medikament. Über dessen Wirkstoffe informierte ich mich bei den Experten in den USA, wo die Forschung auch heute noch viel weiter ist. Was ich hörte, ließ mich zurückschrecken: Das mir in Deutschland empfohlene Mittel stand bei den forschenden US-Stellen längst auf der Tabu-Liste. Ich verzichtete auf die Medizin, nahm meine Schmerzen in Kauf und versuchte, sie mit Meditation in den Griff zu bekommen. Monate später erfuhr ich, dass das mir dringend angeratene Medikament bei Patienten in den USA nachweislich zum Tode geführt hatte. Jahre später stand es im Mittelpunkt eines Arzneimittelskandals, der den deutschen Hersteller in große Bedrängnis brachte.

Ich hatte Glück gehabt. Meine Scheu, Sturheit, Eigensinnigkeit, möglicherweise einfach nur meine durch

Misstrauen verursachte Angst hatte mich vor weitaus Schlimmerem bewahrt als die Schmerzen, die mich unverändert plagten. Inzwischen füllten sich in meinem Arbeitszimmer mehrere Ordner mit Unterlagen. Meine Ausdauer wurde von meinen überseeischen Gesprächspartnern belohnt. Vor allem ein Arzt, der von einer der Berliner Universitätskliniken in die USA gegangen war, weil er dort innovativere Forschungsmethoden vorfand, unterstützte mich in der Folge nachdrücklich.

Als er erfuhr, dass ich über meine Erlebnisse in Afrika das Buch »*Die weiße Hexe*« geschrieben hatte, fragte er ganz unkompliziert: »Warum verfassen Sie nicht über Ihre Krankheit einen deutschen Ratgeber?«

Wie oft hatte ich von meinen Ärzten zu hören bekommen, dass ich keine Ahnung hatte! Durch meinen fernen Mentor angespornt, begann ich seine Idee intensiv zu überdenken. Ich stellte bald fest, dass es mir erneut erging wie meiner Traum-Verbündeten: Ein medizinisches Sachbuch zu verfassen, gleicht dem Versuch in den Revieren der Spezialisten wildern zu wollen.

Nach vielen Umwegen wurde mir eine Professorin empfohlen. Eine Dame von fast 60 Jahren, jung im Herzen und aufgeschlossen allem Neuen gegenüber. Sie fand nicht einmal die Idee eines Ratgebers für Betroffene abwegig. Vor allem aber stellte sie mich völlig auf den Kopf, um jede Möglichkeit einer Therapie auszuschöpfen.

Als ich vom ersten Gespräch mit dieser starken Frau heimkehrte, traf ich meine Familie im Garten unter unserer großen Birke. Es war ein warmer Frühlingstag und die Amseln und Spatzen knipsten mit ihren Schnäbeln kleine Zweige vom Baum. Gedankenverloren sah ich ihnen zu, wie sie emsig zwischen der Birke und dem alten Ziegeldach eines Hauses hin- und herflogen, um sich dort Nester zu bauen.

Mir fiel ein Sprichwort ein, das Ajira in jener so lang zurückliegenden Zeit zu mir gesagt hatte: »Aus einem Grashalm wird einmal ein ganzes Vogelnest.« Die Priesterin des Elements Luft, das für die Veränderung und den Neuanfang steht, hatte mich damals im Dorf der weisen Frauen zu einer neuen Aufgabe gebeten:

»Suche dir einen Baum«, riet Ajira. »Setz dich davor und sieh ihn einfach nur an.«

Auf der Suche nach einem geeigneten Exemplar lief ich durch den *compound*. Wusste aber nicht, was ich eigentlich suchen sollte – ein dickes, ein kleines, ein großes, ein schmächtiges Exemplar? Ich entschied mich für einen wahren Riesen mit knorriger Borke, vor dem ich mich niederließ. Es war Mittagszeit. Der Baum warf kaum Schatten, mir brach bald der Schweiß aus. Vielleicht saß ich zu dicht davor, um zu erkennen, was Ajira von mir erwartete. Ich wechselte mehrfach die Position und verharrte frustriert an einer Stelle.

Später erkundigte sich Ajira: »Siehst du schon etwas?«
Ich sah das Offensichtliche – Insekten, Vögel, Rinde. Vor allem aber lief mir der Schweiß in die Augen. Entmutigt verneinte ich. Wie schon während des Fegens mit dem kurzen Besen fragte ich mich, wo der Sinn dieser Aufgabe liegen mochte. Gegen Abend hockte ich immer noch vor dem Baum. Ajira und meine Übersetzerin kehrten zu mir zurück, die Priesterin stellte durch Ifeomas Mund die gleiche Frage wie zu Beginn. Wieder wusste ich keine Antwort. Es sah so aus, als ob ich bei dieser Übung komplett versagen würde.

Wenigstens durfte ich mich erheben. Meine Beine schmerzten, die Durchblutung machte mir zu schaffen. Ich taumelte ein paar Schritte auf den Baum zu, hielt mich an ihm fest. Seine Rinde war zwar hart, aber warm. Erschöpft lehnte ich mich dagegen, die Augen geschlossen. Mein Ohr lag direkt an dem alten Holz. Darin krabbelte es von unzähligen Insekten, irgendwo vernahm ich ein leises Klopfen. Das Kribbeln in meinen Beinen nahm zu, ich suchte Halt und umarmte den Baum, vor dem ich so lange tatenlos gesessen hatte.

Später erklärte mir Ifeoma den Zweck der Meditation: »Du solltest mit dem Baum verschmelzen.«

»Das hat ja auch am Ende geklappt.«

Ifeoma lächelte: »Ajira hat es etwas anders gemeint. Dein Geist sollte mit dem Baum eins werden.«

Tage später unterzog ich mich erneut dem Baumritual: Nach einer Weile spürte ich den leichten Wind in der Krone, empfand seine Äste als Arme, die nach allen Seiten griffen. Sein starker Stamm wurde das Rückgrat, das auch mich hielt. Seine weit verästelten Wurzeln gaben uns beiden Halt, während ich nicht mehr wahrnahm, dass ich auf hartem Boden saß.

Ich hatte nichts anderes als einen zweiten Anlauf gebraucht, um mit Geduld den Zugang zur Welt des Baums zu finden. Um mit ihm eins zu werden.

Ich habe Ajiras Anregung genutzt, um daraus eine kurze Kraftreise abzuleiten. Sie soll Geduld durch den Gedanken der Zeitlosigkeit nahe bringen. Antoine de Saint-Exupéry schreibt: »In der Wüste kommt der Mensch zum Vorschein – wie ein Samenkorn, das aus seiner Hülse bricht –, damit sich dir Geist und Herz entfaltet.«

Ich stelle mir endlose Sanddünen vor, deren Aussehen ich je nach innerer Verfassung bestimme.

An diesem Ort geschieht nichts. Es gibt nur Gleichförmigkeit. Keine Zeit stört mich. Die Kargheit gibt mir Gelegenheit, mich auf mich selbst zu besinnen. Ich will kein Ziel erreichen.

Meine Augen folgen der Handschrift der Umgebung, die in einem so langsamen Veränderungsprozess entstanden ist, dass kein Mensch ihn nachvollziehen kann. Von diesem unaufhörlichen Wandel kündet einzig der schwache Wind, der winzige Sandkörner auf meine Haut weht.

Ich höre den leisen, gleichmäßigen Gesang des Windes. Die Zeitlosigkeit der Wüste legt sich wie eine warme Decke aus Geduld über mein Gemüt. In mir macht sich der Frieden der unfassbaren Weite breit. Ich sehe die kleinen Erhebungen und Senken, die lang gezogenen Wellen. Ich bücke mich und nehme etwas Sand hoch und lasse ihn durch meine Finger rieseln. Winzige Körnchen habe ich herausgepickt aus einer unendlichen Masse.

Ich hebe den Blick und lasse ihn über den Horizont schweifen, lege mich in den warmen Sand, blicke in den klaren, unendlich weiten, blauen Himmel über mir. Mein Geist steigt langsam hinauf. Ich gebe ihm die Gestalt eines Vogels, während ich meinen Körper dort unten in der Wüste zurücklasse.

Ich sehe auf ihn hinunter. Wie klein er von hier oben ist. Wie gering sich meine Probleme ausnehmen angesichts dieser Weite, in der mein Körper kaum mehr als ein Sandkorn ist. Ich schwebe eine Weile über der Weite und entschließe mich, sobald ich genug gesehen habe, zu meinem Körper zurückzukehren.

Ich verschmelze mit ihm und sehe die Jahrmillionen alten Sandkörner um mich herum. Ich nehme ein einziges davon mit und verspreche ihm, es wieder zurückzubringen in die Wüste.

Jetzt kehre ich zurück an den Ort, von dem ich komme: Ich öffne meine Augen. Ich bin wieder hier. Sobald ich diesen Raum verlasse, werde ich die Dinge, die zu tun sind, mit Muße verrichten.

Meine Wüsten-Meditation entführt nur für kurze Zeit in die befreiende Dimension der Zeitlosigkeit. Kaum jemand schafft es zumindest die Langsamkeit als Lebensqualität so zu entdecken wie Afrikaner, die palavernd vor ihren Häusern sitzen. In den ersten Wochen meines Aufenthalts in Nigeria, in denen ich hektisch versuchte, ein Dutzend gebrauchter, aus Deutschland importierter Autos zu Geld zu machen, sah ich die Menschen verständnislos an, fragte mich: Haben die denn gar nichts Besseres zu tun – als nichts zu tun? Warum schlagen sie die Zeit tot?

Später erfuhr ich, dass es in vielen alten afrikanischen Sprachen nicht einmal ein Wort für »Zeit« gibt ... Während meiner Einweihung musste ich – gerade nach solchen Zeit-losen Erlebnissen wie der Baum-Meditation – über die Weiße lächeln, die die Langsamkeit dieser anderen Kultur nicht begriffen hatte. Und verwandelte mich nach meiner Rückkehr aus Afrika trotzdem wieder in eines der gestressten Wesen, das sich bemüht, mit dem Tempo der anderen mitzuhalten.

Ich habe deshalb versucht, mir Zeitfenster zu schaffen,

in denen ich meine Geduld ganz bewusst schule. Eines davon stelle ich Ihnen hier vor. Es kann leider nur unter der Einschränkung gesehen werden, dass ich es zu raren Gelegenheiten öffnen kann, zum Beispiel, wenn mein Mann mit den Kindern verreist. Diesen kleinen Egotrip nenne ich:

Das leere Wochenende

Egal, ob ich tausend Dinge zu erledigen hätte, so nehme ich mir dennoch vor, alles liegen zu lassen und auch keine Verabredungen einzugehen. Mir geht es darum Leere zu zelebrieren. Der Anrufbeantworter wird eingeschaltet, die Türglocke abgestellt, alle Uhren verdeckt, die Armbanduhr kommt in der Schublade. Ich tue nur das, was ich für richtig halte, wobei ich mich wohl fühle.

Bei Kerzenschein nehme ich ein ausgiebiges Bad mit Zusätzen. Wenn mir danach ist, kann ich danach meditieren oder einfach nur träumen. Oder ich lese ein Buch, schreibe einen Brief mit der Hand. Einen richtig langen. Ob ich ihn abschicke, spielt keine Rolle. Vielleicht lege ich in diesen Brief alles rein, was mich bedrückt oder freut oder ich mache einem anderen eine Freude, indem ich schreibe, obwohl kein Brief erwartet wird. Ich gehe erst ins Bett, wenn mein Körper es verlangt.

Den Samstag beginne ich nach langem Ausschlafen. Was ich tue, ist möglichst uneffektiv.

Unter Umständen sehe ich mir ein Video an, lese weiter oder beende den Brief. Ich kann mich pflegen, mir eine Natur-Gesichtsmaske machen. Ein frugales Mahl bereiten. Oder alles durcheinander. Wenn mir nach innerem Chaos ist, lasse ich das zu. Sich treiben zu lassen, ist schließlich der Sinn. Ich bin zeitlos. Dieser Gedanke führt mich zurück zu meiner Vergangenheit: Alte Platten, selbst aufgenommene Kassetten, Fotoalben, Sammlungen konfrontieren mich mit meinem Leben. Wenn mir danach ist, zeichne oder male ich.

Sobald sich mein schlechtes Gewissen meldet, schreibe ich auf einen Zettel: Ich muss nichts.

Der Sonntagvormittag verläuft nach dem gleichen Prinzip des Sichtreibenlassens, erst gegen Nachmittag beginne ich damit, mich wieder »zusammenzusetzen«. Schritt für Schritt öffne ich mich nach draußen: In ersten Telefonaten teste ich meine Belastbarkeit. Vielleicht am Abend ein Kinobesuch? Oder ein Regenspaziergang? Oder faul vorm Fernseher hängen? In mein Tagebuch schreibe ich: Dies Wochenende war ich nur Ich. Sobald meine Familie wieder zurückkehrt, verfüge ich über doppelt so viel Energie wie zuvor.

Um Ajiras rätselhaftes Wort vom »Geist, der dem Körper vorauseilt« nicht nur an bewusst als Zeremonie der Langsamkeit angelegten Wochenenden zur Geltung kommen zu lassen, versuche ich jeden Morgen ohne Hektik zu beginnen:

Mein Morgenritual

Ajira befeuchtete ihre Hände, wendete sich der aufgehenden Sonne zu, die Handinnenflächen nach außen gedreht, die Beine fest auf den Boden gestellt. Sie atmete mehrmals tief ein und aus, um sich anschließend das Gesicht mit Wasser zu bespritzen. Die Energie von Luft, Sonne, Erde und Wasser brachte sie in Verbindung mit der Kraft der Natur.

Selbst in meiner Großstadtwohnung kann ich den Sonnengruß am geöffneten Fenster nachvollziehen und dabei tief ein- und ausatmen. Ein Morgenritual kann durch diverse Übungen verfeinert werden, zum Beispiel Yoga oder Meditation. Wichtig ist, dass der Tag bewusst begonnen wird.

Im Sinne Ajiras stelle ich mir nach dem Sonnengruß Fragen, die der heraufziehende Tag auf mich zukommen lässt. Nachdem ich die anstehenden Ereignisse durchgegangen bin, tauchen zumeist Gesichter oder Stimmen von Menschen auf, mit denen ich im Laufe der nächsten Stunden telefonieren oder die ich treffen werde. Steht ein unangenehmes Gespräch an, so versuche ich mich in die Position des anderen hineinzuversetzen, um seine Argumente bereits durchgespielt zu haben, bevor die Begegnung stattfindet. Das kann auch mal zu einem halbblauten Selbstgespräch unter der Morgendusche führen …

Ich finde es zunehmend wichtiger, einen Tag mit Gelassenheit – also bewusst – zu beginnen, um die notwendige Geduld für unausbleibliche Konflikte bereit zu halten. Die Leopardin meinte nichts anderes, als sie riet: Lass die Zeit des Wartens nicht ungenutzt verstreichen.

Ein instinktiv lebendes Tier kennt sein Revier, weiß um die Stärken und Schwächen von Gegnern oder Verbündeten. Das gibt ihm die Kraft, den anderen im entscheidenden Moment einen Schritt voraus zu sein. Die Langsamkeit eines bewusst begonnenen Tages ist meine persönliche Parallele dazu. Wenn die Geduld mir schon nicht angeboren ist, so versuche ich zumindest, sie mir anzuerziehen.

Meinem Morgenritual entspricht eine kleine Zeremonie am Abend: Vor dem Schlafengehen notiere ich die wichtigsten Stationen des vergangenen Tages. Papier und Stift verbleiben neben dem Bett! So kann ich beim Erwachen einen bemerkenswerten Traum notieren. Unter Umständen gibt er mir Aufschlüsse über das, was mich am nächsten Tag erwartet.

Weil der Atem den vom Stress verspannten Körper mit dem Geist in Einklang zu bringen vermag, bedeuten mir Ajiras entsprechende Übungen sehr viel. Diese folgende hieß:

Das befreiende Summen

Ich liege auf dem Boden, räkele mich wie eine Leopardin, strecke Beine und Arme aus und ziehe sie an, mache den Rücken krumm wie eine Katze.

Danach strecke ich mich aus und seufze tief aus dem Bauch heraus, um die Anspannung des Körpers zu entladen. Das Seufzen entweicht mit einem großen Schwall Luft so, als ob ich eine Last aus mir herauslasse. Anschließend atme ich tief ein und aus.

Nun sammle ich viel Luft in meinen Lungen und gebe den angesammelten Atem mit langem Summen von mir. Meine Stimme wird lauter und leiser, höher und tiefer. Ich spüre dabei intensiv die Schwingungen meines Brustkorbes, stelle mir vor, dass mein Körper eine Röhre oder ein leeres Gefäß ist, das nur mit den sanften Vibrationen meines Summens angefüllt ist. Hin und wieder dehne ich das Summen extrem aus, bis ich nach Luft schnappen muss. Danach atme ich langsam und gleichmäßig ein und aus und beginne von vorn.

Die gesamte Übung nimmt etwa eine halbe Stunde in Anspruch und endet mit einer entspannten Ruhephase, während der ich auf die Reaktionen meines Körpers achte. Die angesammelte Energie schwingt langsam aus. Ich fühle mich ruhiger, die Anspannung wurde von der Welle der Summtöne mitgenommen. Wenn ich mich anschließend erhebe, bewege ich mich sanft und langsam.

Schon bei dieser Übung spielt die Erde, auf der ich liege, eine große Rolle. Menschen, die von der Erde leben, wissen, dass nur Geduld zum Ziel führt. Oke brachte den Gedanken des langsamen Werdens in Verbindung mit dem Wachsen des Ich. Das geschah durch eine schlichte Zeremonie: Jede Initiandin füllte eine Kalebasse mit Erde und gab vier Tropfen Wasser und drei Tropfen Ziegenmilch dazu. Sie legte das Samenkorn einer Pflanze hinein, die ihr viel bedeutete. Dann wurde die Kalebasse an einem sonnigen Ort gestellt. Zur Rückkehr ins Heimatdorf sollte der Setzling mitgenommen und in den eigenen Garten gepflanzt werden.

»Sieh in dieser kleinen Pflanze nichts, von dem du ernten willst«, sagte die Erd-Priesterin, »sondern versuche, dich darin wiederzuerkennen. So, wie dieses kleine Gewächs größer und stärker wird, sollst auch du wachsen. Kümmere dich deshalb besonders gut um deine Pflanze.«

Einer Bekannten, die unter dem überraschenden Tod ihrer erwachsenen Tochter litt, riet ich zu einem besonderen Ritual: Die Verstorbene hatte in ihrer Kindheit im Hof des elterlichen Anwesens eine Kastanie gepflanzt. 40 Jahre später war daraus ein stattlicher Baum geworden. Jedes Jahr im Herbst kam die Tochter und nahm sich viele Kastanien mit. Die hinterbliebene Mutter fand sie in der Stadtwohnung der Tochter in einem Korb. »Geben Sie Ihrer Tochter ein paar der Kastanien mit ins Grab«, empfahl ich. Gerührt berichtete meine Bekannte, welch ein wunderbar erlösender Augenblick das wurde. Ein Kreis hatte sich geschlossen.

Ausgehend von Okes Anregung, einen Baum zu pflanzen, habe ich für mich eine kurze Kraftreise entwickelt:

Der Kuss des Schmetterlings

Ich stelle mir vor, als Samenkorn im feuchten Erdreich zu schlummern. Noch ist es um mich herum dunkel und still. Ich fühle mich friedlich und geborgen. Eines Tages spüre ich die Wärme, recke und strecke mich. Meine Wurzeln graben sich in das Erdreich, um mir Halt zu geben. Ich wachse nach allen Seiten, nach unten und oben. Es wird allmählich heller über mir.

Ich strecke mein Köpfchen aus der Erde hinaus. Jetzt werde ich rasch größer und stärker. Ich bin umgeben von anderen zarten Pflänzchen. Der Wind streichelt mich, ich wiege mich sanft hin und her. Ich beginne im Rhythmus der Luft zu tanzen.

Manchmal fällt erfrischender Regen auf mich herab. Wassertropfen laufen an meinem Stängel hinunter und kitzeln mich. Sie dringen zu meinen erstarkenden Wurzeln herab und geben mir Kraft, weiterzuwachsen. Ich strecke in der frischen Luft meine Blätter aus, die noch mehr von dem kostbaren Sonnenlicht auffangen. Allmählich wird meine Kraft so groß, dass ich eine Knospe bilde, die sich entfaltet.

Die anderen Blumen werden von Bienen besucht. Ich warte darauf, so wie sie geküsst zu werden. Schließlich setzt sich ein Schmetterling in den bunten Kranz meiner Blüte. Ich umschließe seinen Kuss mit meinen Blütenblättern und behalte ihn für mich.

Zu den vielen Tätigkeiten, die wir während der Dauer der Einweihungszeit auszuführen hatten, gehörte auch Handwerkliches. Wir fertigten nicht nur Ketten, sondern arbeiteten mit Lehm und lernten Körbe und Matten zu flechten. Meine ungeübten Finger waren bald rau und bluteten. Ich musste mich besonders konzentrieren, um beim Flechten einer Schlafmatte aus Bast gerade Linien und einigermaßen vernünftige Muster zu bekommen. Wie immer wurden dabei viele Geschichten erzählt.

Meine Freundin und Übersetzerin Ifeoma war eine der Frauen, deren Einweihung schon etwas zurücklag. Sie ging gelegentlich auf den Markt im Dorf und verkaufte dort die hergestellten Waren. Was sie dabei erlebte, war eine Übung in Geduld.

Ein Tag auf dem Markt

Stell dir vor, du bist ein junges Mädchen, das in einem west-afrikanischen Dorf lebt. Morgens um fünf stehst du auf, fegst den Hof und bereitest gemeinsam mit anderen Frauen eine Morgenspeise. Die Arbeit deines Tages besteht aus dem Flech-ten von Bodenmatten. Im Hof liegt heute bereits eine große Menge der Blätter der Raphiapalme. Du hast sie selbst geholt, in einem Wasserbad eingefärbt und trocknen lassen. Die letz-ten Wochen hast du damit verbracht, daraus eine Vielzahl von Matten herzustellen. Deine Hände wurden davon hart und rissig.

Morgen willst du auf den Markt gehen, um die Matten zu verkaufen. Deshalb beginnst du unverzüglich. Du bist kon-zentriert und nimmst dir vor, besonders schöne Matten zu flechten, die mehr Geld bringen werden als schlichte. Du fer-tigst verschiedene Motive, lässt den Mond und die Sterne auf-gehen, zeigst die Kraft der Sonne und die weichen Wellen, die das Boot eines Fischers tragen können.

Den ganzen Tag verbringst du mit emsiger Arbeit, gönnst dir kaum eine Pause. Dein Rücken schmerzt, die Hände spürst du kaum. Du machst weiter, bis der letzte Rest verarbeitet ist. Darüber geht der Tag in den Abend über. Du sortierst deine Matten im fahlen Licht einer Lampe, legst die schönsten oben auf. Als du sie hochhebst, spürst du ihr großes Gewicht. Dei-nen wunden Händen allein ist diese Arbeit zu verdanken.

Am nächsten Morgen stehst du früher auf als sonst. Du musst heute nicht fegen und kochen. Du bittest jemanden, dir zu helfen, die Matten zusammenzurollen, bindest sie in ein Tuch und lässt sie dir auf den Kopf heben. Du hast nichts ge-gessen und getrunken, denn du bist in Eile. Der Weg zum Markt ist weit. Es dauert viele Stunden, um aus deinem Dorf in die Stadt zu gelangen, wo der Markt abgehalten wird. Deine Bedürfnisse spürst du nicht, denn für dich ist dieser Tag der

Höhepunkt der letzten Wochen. Heute wirst du ernten, was du gesät hast.

Als es noch dunkel ist, verlässt du dein Dorf. Dein Schritt ist gleichmäßig, dein Gang aufrecht. Die Last auf deinem Kopf ist schwer, du kannst ihn kaum bewegen. Deine Augen sind in die Ferne gerichtet. Obwohl du den Markt noch lange nicht sehen kannst, weißt du, dass er irgendwo dort ist. Stunden entfernt. Du spürst nicht die unebene Wegstrecke, sie ist nebensächlich. Deine Gedanken sind schon auf dem Markt, wo du deine Matten ausrollen wirst. Du stellst dir vor, wie die Frauen deine Arbeit bewundern, sie anfassen und ihr Lob deinen Fleiß belohnt. Du wirst alle Matten verkaufen und genügend Geld für deine Familie nach Hause bringen. Sie wird stolz auf dich sein.

Ohne Hast schreitest du gleichmäßig und unbeirrt vorwärts. Es wird heller, doch du hast kaum einen Blick für die Umgebung. Allmählich kommen immer mehr Frauen aus den Dörfern auf den Weg, auf dem du unterwegs bist. Sie tragen wie du schwere Lasten auf dem Kopf, haben das gleiche Ziel. Die Sonne wird wärmer, Schweiß läuft über deinen Rücken.

Eine Freundin, die du vor Wochen auf dem Markt gefunden hast, schließt sich dir an. Sie hat Körbe geflochten und ist zuversichtlich, dass sie alle verkaufen wird. Ihr erzählt euch, wie ihr es anstellen werdet, die Kundinnen zu überzeugen. Das Gespräch spornt euch an, lässt euch vergessen, dass schwere Lastwagen an euch vorbeidonnern, deren Staub euch bedeckt.

Ihr habt die Stadt fast erreicht. Am Rand der unbefestigten Straßen reihen sich Hütten aneinander, an Ständen wird Obst und Gemüse verkauft. Für einen winzigen Geldbetrag erstehst du ein paar Tomaten, die du isst, während du weitergehst.

Jetzt siehst du den Eingang des Marktes. Viele Menschen drängen sich, lärmen, verhandeln bereits über Preise. Du suchst jenen Platz, an dem du das letzte Mal gesessen hast. Er befand sich gleich am Eingang des Marktes. Dort haben heute bereits andere Frauen ihre Waren ausgebreitet. Gemeinsam mit deiner Freundin entdeckst du einen Fleck, der etwas ungünstiger liegt, in einer Nische. Hier bietet ein niedriges, löchriges Strohdach Schutz vor der sengenden Sonne.

Es ist wenig Platz für dich und deine Freundin. Sie entschließt sich, ihre Körbe auf der gegenüberliegenden Seite aufzubauen. Gegenseitig helft ihr euch die schwere Ware von den Köpfen zu nehmen. Es tut dir gut, dich unbeschwert bewegen zu können, entschlossen beginnst du mit der eigentlichen Arbeit.

Zwei ältere Frauen rahmen dich ein, verteidigen ihr Revier mit eifersüchtigen Blicken. Die eine bietet Tongefäße feil, die andere köstliches Aroma verströmende Gewürze. Du versuchst, jene Matten zu entrollen, die du obenauf gelegt hast. Sie sollen die Kunden anlocken. Die Enge lässt es kaum zu, du musst dich bescheiden. Dich überkommt Sorge, dass dieser Markttag nicht so gut verlaufen könnte wie erhofft.

Den ganzen Vormittag wartest du vergeblich, niemand schenkt dir Aufmerksamkeit. Die Menschen verweilen bei den schönen Tonwaren und den kostbaren Gewürzen. Du sitzt zwar im Schatten, verstehst jetzt aber, warum ausgerechnet dieser Fleck noch frei geblieben war. Deine Freundin winkt dir lachend zu. Sie hat mehr Glück, ihre Arbeit ist bereits zur Hälfte verkauft. Gegen Mittag kommen ein paar Kunden, die mit dir um den Preis feilschen. Sie nehmen kaum in Augenschein, wofür du Wochen gebraucht hast, um es herzustellen.

Du fühlst Durst und Hunger, Hitze und Staub und fragst dich, ob alles vergeblich gewesen ist. Du verstehst nicht, was du falsch gemacht hast. Deine Matten sind schön und kosten nicht viel. Deine Freundin hat kaum mehr Körbe. Sie strahlt und schwitzt nicht einmal, obwohl sie in der prallen Sonne steht.

Ein fliegender Händler bietet dir Wasser an. Du hast nichts verkauft und musst es dir versagen. Still verharrst du hinter deinen Matten. Die Frau mit den Tonwaren hat inzwischen viele ihrer Schalen verkauft. Sie räumt ein wenig zusammen und bietet dir an, deine Matten dort auszulegen, wo zuvor ihre Waren standen. Ihr kommt ins Gespräch und sie erzählt, dass sie ihre Tochter in dein Nachbardorf verheiratet hat. Sie schenkt dir ein paar Orangen. Du isst sie überglücklich und strahlst vor Freude über dieses Geschenk.

Deine Freundin kommt zu euch herüber. Sie hat zwei Maiskolben von einem vorbeiziehenden Burschen erstanden und gibt dir einen ab. Gemeinsam mit der Töpferin betrachtet ihr deine Matten. Die beiden loben deine Arbeit. Andere Frauen bleiben stehen, prüfen die Matten. Ohne viele Worte zu machen, kauft eine dir die Matte mit den milden Wellen des Fischers ab. Das zieht andere Kundinnen an. Plötzlich ist dein Stand umlagert. Du siehst zu, wie immer mehr Matten zusammengerollt davongetragen werden. Du blickst ihnen nach und fühlst ein wenig Stolz. Die Menschen werden auf Matten ruhen, die du hergestellt hast. Deine Arbeit wird ihnen eine Wohltat sein.

Am späten Nachmittag hat deine Freundin ihre Körbe verkauft. Sie tritt zu dir, um sich zu verabschieden. Sie betrachtet lange die Matte mit den Sternen. Sie kann kein Geld dafür ausgeben, denn ebenso wie du muss sie ihre Einnahmen zu Hause abliefern. Du rollst die Matte zusammen und reichst sie ihr. Ihr haltet euch im Arm, dann macht sie sich auf den Rückweg. Du bleibst zurück. Nicht einmal die Hälfte deiner Matten hast du verkauft. Du siehst dich mit der schweren Last auf dem Kopf den langen Weg zurückgehen. Entschlossen breitest du die Matten etwas besser aus. Du setzt dich daneben und wartest. Mehr kannst du nicht tun.

Die Gewürzhändlerin hat kein Wort mit dir gesprochen. Aus den Augenwinkeln siehst du, wie sie ihr Geld zählt. Ein kleiner Teil davon würde dir reichen. Du schiebst diesen Gedanken beiseite. Immerhin hast du die Hälfte deiner Arbeit heute ver-

kauft. Das ist besser als nichts. Die Händlerin packt ihre Gewürze ein, lädt sie auf einen Karren und verschwindet ohne
dich eines Blickes zu würdigen. Du nutzt den frei gewordenen
Platz, um sämtliche Matten auszurollen. Der Boden ist bedeckt damit. Das intensive Licht der Nachmittagssonne bringt
die Farben zum Leuchten.

Eine Frau spricht dich an, fragt nach dem Preis. Du siehst
ihre teure Kleidung. Dieser Tag hat dich gelehrt, dass die, die
am besten angezogen sind, am wenigsten geben. So nennst
du eine Zahl, die ohnehin niedrig ist. Die Frau befühlt die Fes-
tigkeit der Matten. Doch sie geht ohne zu verhandeln. Die
Luft ist schwül und du harrst aus wie betäubt. Viele Händler
sind schon im Aufbruch. Der Markt leert sich, die Menschen
kehren heim. Auch die Töpferin verstaut ihre Ware und
schenkt dir zum Abschied ein paar aufmunternde Worte.

Während du überlegst, ob es noch Sinn macht, hier zu bleiben, und über den Weg zurück durch die Dunkelheit nach-
denkst, kehrt die gut gekleidete Kundin zurück. Sie befindet
sich in Begleitung zweier junger Mädchen, die schlicht angezogen sind. Beide mögen dein Alter haben. Du hältst sie für
Angestellte der Frau. Diesmal nutzt du die wahrscheinlich
letzte Gelegenheit des Tages, preist deine Arbeit an, hebst die
Matten hoch und lässt sie noch schöner schimmern.

Die Frau sagt, dass sie alle Matten kaufen will. Sie nennt
einen Preis, der dich zusammenzucken lässt. Du schluckst
deine Enttäuschung herunter, siehst die langen Schatten, die
die untergehende Sonne wirft. Sollst du wirklich deine mühsam gefertigte Arbeit zurück ins Dorf tragen? Du machst
einen Versuch und fragst, ob die Kundin nicht noch etwas
drauflegen kann. Immerhin ist dies die Arbeit von Wochen. In
den Gesichtern der beiden Mädchen siehst du, dass sie denken wie du.

Die Frau zögert einen Augenblick und drückt dir einen dünnen Stapel Geldscheine in die Hand. Du zählst kurz nach und

bedankst dich. Es ist zu wenig, aber mehr als sie ursprünglich geben wollte. Du hilfst den Mädchen die Matten einzurollen und verabschiedest sie. Sie gehen und du versteckst das Geld, das deine Mühe dir eingebracht hat, in deinen Kleidern.

Du verlässt den Markt, keine Last hindert dich. Es wird rasch dunkel, die Autos fahren an dir vorbei, du spürst auch jetzt den Staub nicht. Eine Weile bist du noch von anderen Händlerinnen umgeben. Sie tragen schwere Lasten auf dem Kopf. Einige von ihnen hast du am Morgen gesehen. Ihre Gesichter sind starr und müde. Nun weißt du, dass es für dich ein guter Tag war.

Zu Hause erwartet dich eine warme Mahlzeit. Du gibst deinem Vater das eingenommene Geld. Er lobt dich und verwahrt es. Dann legst du dich auf deiner alten Matte schlafen.

Morgen wirst du damit beginnen, neues Raphia zu sammeln.

Zwei wilde Tiere

Der Kreislauf aus anfänglichem Verzicht, sich zu fügen in das Unabänderliche, um schließlich flexibel und geduldig mit meiner Krankheit umzugehen, trug erste Früchte: Die zuletzt aufgesuchte Professorin fand für meine immer wieder in anderer Erscheinung auftretende Erkrankung eine Therapie. Wir führten lange Gespräche und endlich begann ich zu verstehen, weshalb die Ärzte teilweise völlig gegensätzliche Diagnosen gestellt hatten. Ich litt an einer Krankheit, die groben Schätzungen zufolge nur 40 000 von 80 Millionen Deutschen heimsucht. Entsprechend gering konnte das Wissen der von mir aufgesuchten Fachleute sein. Die meisten Hausärzte bekommen in ihrer Praxis niemals einen Fall wie meinen zu Gesicht.

Ich versuchte mich mit Selbstironie darüber hinwegzutrösten, dass ich mir wenigstens ein Leiden »ausgesucht« hatte, das ziemlich ausgefallen ist. Diese Form von Rheuma hieß früher »Schmetterlingskrankheit«. Die Bezeichnung rührt aus der Tatsache, dass sich das Gesicht mancher Patienten über Wangen und Nase in Form eines Schmetterlings rötet. Seit einigen Jahren erst bezeichnen Mediziner diese Erkrankung als LE. Zwei abstrakte Buchstaben, hinter denen sich ein komplizierter Begriff verbirgt. L steht für Lupus, den Wolf, E für Erythematodes, die Rötungen.

Ich war also vom Wolf gerötet. Und auch wieder nicht, denn die bei einigen Fällen auftretende Narbenbildung blieb mir erspart. Wer mich ansah, hielt mich für gesund. Oft fühlte ich mich auch so, denn der feindliche Wolf, der sich in meinen Leib geschmuggelt hatte, zeigte sich nicht.

Die nun regelmäßig durchgeführten Blutuntersuchungen widersprachen sich. Mal war alles in Ordnung, beim nächsten Termin las sich der Laborbericht wie eine Horrormeldung. Meine Belesenheit ließ mich wenigstens nicht mehr in Verzweiflung ausbrechen. Zahllose Gespräche mit anderen chronisch Kranken bewiesen, dass ich nicht allein auf Dornen ruhte. Viele wurden wie ich im Lauf der Jahre zu Experten in eigener Sache.

Eine gewisse Abgeklärtheit stellte sich ein, die mich scherzen ließ, dass ich nun außer einer Leopardin auch noch einen Wolf bei mir aufgenommen hatte. Die beiden wilden Tiere vertrugen sich jedoch überhaupt nicht. Vom Wolf konnte ich keine guten Nachrichten erwarten, also rief ich meine Traum-Verbündete zu Hilfe. Ich erzählte ihr mein Problem.

Die Leopardin wirkte in dieser Nacht etwas zerzaust. Ununterbrochen leckte sie sich das Fell, um es von Schmutz zu reinigen, der sich nicht so einfach entfernen ließ. Endlich hielt sie mit ihrer Körperpflege inne und sah mich aus klaren Augen durchdringend an.

Der Wolf ist dein Schatten, sagte sie. Sie überlegte noch kurz, beließ es aber bei dieser vieldeutigen Äußerung.

Du machst mir nicht viel Mut, entgegnete ich. Einen Schatten kann man nicht abschütteln.

Sie riss unvermittelt ihr Maul auf und zeigte mir ihre langen Zähne. Erschrocken wich ich zurück. Dann sah sie mich wieder freundlich an. Als ob nichts geschehen wäre.

Siehst du, es geht doch, sagte sie und ich hörte den leichten Triumph in ihrer Stimme.

Ich glaube, erwiderte ich mit einem leisen Zittern, ich verstehe nicht, was du meinst.

Wo ist eigentlich dein Schatten, wenn die Sonne am höchsten Punkt steht?, fragte sie.

Dann habe ich keinen!

Und in der Nacht, wo ist er dann?

Du führst mich an der Nase herum, rief ich.

Wenn der Wolf dein Schatten ist, dann spiele mit ihm, riet sie mir bündig. Sei nicht wie ein Kind, das sich vor seinem Schatten fürchtet. Du hast keinen Grund dazu.

O doch, protestierte ich. Wenn ich nicht aufpasse, kann dieser Schatten-Wolf mich vernichten. Er ist gefährlich, gab ich ernsthaft zu bedenken.

Merkst du denn nicht, dass du mir Recht gibst?, fragte die Leopardin überlegen. Du machst es ganz richtig, wenn du deinen Schatten beobachtest. Das muss aber nicht heißen, dass du ihn fürchtest. Du lebst mit ihm. Ihr gehört zusammen.

Das wilde Tier wurde mit einer allgegenwärtigen Bedrohung besser fertig als ich. Ich blickte meine Verbündete erwartungsvoll an.

Du möchtest wissen, wie ich mit einem Verfolger umgehe, den ich nicht loswerde?

Ich nickte und setzte mich in ihrer Nähe auf den Boden, und schon begann sie mit ihrer Geschichte.

Der Verfolger

Atme tief ein und aus. Entspann dich, vergiss deine menschlichen Sorgen. Vergiss, wer du bist, und stell dir vor: Du bist ich – eine afrikanische Leopardin.

Die ganze Nacht bist du unterwegs gewesen und hast gejagt, aber nichts gefangen. Jetzt ziehst du dich auf einen Baum zurück. Du würdest dich gern ausruhen. Doch selbst hier oben riechst du diesen Gestank. Du blickst nach unten. Er ist wieder da. Mit krummem Rücken steht er nicht weit entfernt und stiert vor sich hin. Er ist noch sehr jung. Ein bisschen tut er dir ja Leid, weil er sich gar so dumm anstellt. Du kannst dir kein Mitleid leisten. Denn er hat auch keines mit dir.

Nur seinetwegen hattest du keinen Erfolg. Immer, wenn du dich erfolgreich an eine Beute herangeschlichen hattest, tauchte dieses Hyänen-Männchen auf. Stets kam er von der falschen Seite. Entweder ließ sein durchdringender Geruch die Tiere aufmerksam werden oder dein Verfolger machte so viel Krach, dass sie davonsprangen, bevor du bereit sein konntest.

Du legst dich auf die Seite und wartest, ob er nicht verschwindet. Nach einer Weile lugst du vorsichtig hoch. Dein Verfolger ist nicht gegangen. Stattdessen liegt er auf der Lauer, regungslos. Das kann ewig so weitergehen. Dieser Bursche hat ebenso viel Ausdauer wie du. Nur kann er allein nicht jagen. Er ist auf dich angewiesen, um satt zu werden. Seine Meute hat ihn verstoßen. Du hast gesehen, wie es geschah. Der erfahrene Rudelführer duldete den jungen Kerl nicht länger in seiner Nähe. Er biss ihn fort.

Von deinem Ausguck lässt du den Blick schweifen. In nicht allzu weiter Ferne siehst du eine Herde Gazellen. Die Tiere stehen dicht zusammen. Eine Vielzahl Hyänen umkreist sie. Jetzt kommt dir eine Idee, die dich sofort hellwach werden lässt. Doch du zeigst deinem Verfolger nicht, dass du wieder auf die Jagd gehen wirst.

Du kletterst so träge vom Baum, dass er nur kurz den Kopf hebt, sich aber nicht rührt. Du rollst dich auf dem Boden hin und her und schabst dein Fell am harten Gras. Dann bearbeitest du es gründlich mit der Zunge, während du deinen Verfolger unauffällig beobachtest. Du reckst und streckst dich, gähnst ausführlich und trottest dann gelassen los. Du wählst nicht den direkten Weg zur Gazellenherde, sondern machst einen Bogen außen um die sie einkreisende Rotte herum. Dein Verfolger klebt als krummer Schatten an deinen Fersen.

Sein Hunger wird größer sein als seine Vorsicht. Du erreichst eine kleine Anhöhe, gehst hinauf und erkennst von oben, dass die Hyänen sich sehr klug aufgestellt haben. Wenn sie alle gleichzeitig angreifen, kann es für eine der Gazellen kein Entkommen geben.

Dein Verfolger ist jetzt dicht hinter dir. Mit gefletschten Zähnen startest du einen Scheinangriff gegen ihn. Erschrocken weicht er zurück. Blitzschnell drehst du dich um, hältst direkt auf die Gazellenherde zu. Du hast eine Stelle ausgemacht zwischen dem Anführer der Hyänen und einem niederen Weibchen.

Du hörst, dass dein Verfolger wieder hinter dir ist, und rennst weiter. Alle sehen dich jetzt, sowohl die Gazellen als auch das Rudel Hyänen. Ein unglaubliches Durcheinander entsteht. Die Gazellen springen in alle Richtungen davon. Einige Hyänen hetzen ihnen nach. Der Anführer geht mit gesenktem Kopf auf dich zu. Dein Verfolger ist seitlich hinter dir. Du spurtest in die entgegengesetzte Richtung. So gibst du deinem Schatten nicht mehr Deckung.

Wütend bellend empfängt das Rudel den Ausgeschlossenen. Der Kampf beginnt. Die beiden Hyänen verbeißen sich ineinander. Die Gruppe hält Abstand. Die Gazellen, die sie jagen wollten, sind vergessen.

Den Körper dicht an den Boden gedrückt, schleichst du davon. Du erreichst eine Fläche mit hoch stehendem Gras, in dem du verschwindest. Langsam arbeitest du dich voran. Der Lärm der streitenden Hyänen dringt zu dir. Das lenkt die Gazellen ab. Selten hattest du eine so gute Chance.

Vorsichtig richtest du dich auf und erspähst nicht weit entfernt eine am Hinterlauf blutende Gazelle. Die Wunde ist frisch. Das Tier wird sich beim nächsten Angriff des Hyänenrudels nicht mehr in Sicherheit bringen können. Du brauchst dich nicht einmal besonders vorzusehen. Ein kurzer Sprint und du packst deine Beute, wirfst sie zu Boden. Es geht alles ganz schnell.

Du bist jetzt in Eile, weißt nicht, wie lange der Kampf die Achtsamkeit der Hyänen binden wird. Du schleppst deinen Riss zurück zum Baum. Dies ist der Teil der Jagd, den du am wenigsten magst. Noch dazu mit einer solchen Übermacht von Hyänen in der Nähe. Du wählst einen neuen Umweg, das Gewicht deiner Beute lässt dich schwer atmen. Du machst keine Pause, schleifst sie weiter.

Endlich erreichst du den Baum. Jetzt wird es besonders anstrengend. Eigentlich hast du keine Kraft mehr, um die Beute in den Baum zu zerren. Den einzigen Ort, an dem sie vor den Futterneidern sicher ist. Du springst auf den Baum hinauf und lässt deinen Riss unten. Du siehst, dass der Kampf der Hyänen entschieden ist. Dein Verfolger hat erneut verloren. Er schleppt sich humpelnd in deine Richtung.

Du kletterst hinunter und beginnst an deinem Riss zu zerren. Stück für Stück ziehst du die Gazelle hinauf. Wenn du sie jetzt loslässt, war alles umsonst. Du glaubst, den Geruch deines Verfolgers bereits wahrnehmen zu können. Mit letzter Energie gelingt es dir, die Beute oben zu verkeilen. Ein Bein hängt noch hinunter. Dort kann er zupacken und dich um den Lohn deiner Mühe bringen. Entschlossen springst du ein letztes Mal herunter und sicherst die Beute endgültig.

Dann kletterst du hinauf. Du musst dich niederlegen, bist zu entkräftet, um zu fressen. Du blickst auf deinen Verfolger.

Er ist schwer angeschlagen, aber er reißt sein breites Maul auf, streckt sich, um den Baum zu erklimmen. Es gelingt ihm nicht, dir deine Beute abspenstig zu machen. Er gibt schließlich auf und kauert sich schwer atmend in den Schatten.

Nun beginnst du zu fressen. Es ist seit Tagen das erste Mal, dass du Ruhe findest und satt werden kannst. Doch du gibst nicht genug Acht, ein Stück fällt zu Boden. Sofort springt dein ewiger Verfolger auf und schnappt es sich.

Er muss leben, gewiss. Für dich gilt dasselbe. Also wird er bleiben, ganz in deiner Nähe. Du wirst ihn im Auge behalten und bei der nächsten Gelegenheit versuchen, ihn auszutricksen. Gerade so, wie es dir heute gelungen ist. Mit Hartnäckigkeit.

»Ein Kind lernt nur laufen, wenn es aufsteht,
nachdem es hingefallen ist.«

Die fünfte Stärke der Leopardin:
Hartnäckigkeit

Eine der letzten Aufgaben, die mir die weisen Frauen stellten, mutete harmlos an: Ich sollte einen Fisch fangen. Den notwendigen Speer schnitzte ich selbst, dann begleitete Kome uns an den Fluss. Zunächst löste sie einen kleinen Holzkamm aus ihren Haaren und warf ihn ins Wasser. Das war ihr persönliches Opfer an Mammy Water, die im Gegenzug das Abendessen liefern sollte. Dann watete sie in den Fluss, blieb plötzlich aufrecht stehen, ihren Speer hoch erhoben. Unvermittelt stieß sie zu und zog einen Fisch aus dem Wasser.

Das sah einfach aus. Ich brachte ebenfalls ein kleines Opfer dar und stieg in den Fluss. Doch bereits in diesem Augenblick konnte ich Komes Vorbild nicht mehr entsprechen. Der Untergrund war vermoost und glitschig. Ich fürchtete hinzufallen und vom rasch fließenden Strom mitgezogen zu werden. Meine alte Angst vor dem Wasser! Dennoch bemühte ich mich eine gute Figur abzugeben, hob den Speer, sah einen Fisch und drosch die Spitze ins Wasser, wo sie tief im Schlamm stecken blieb ...

Es ging immer wieder schief, wollte einfach nicht klappen. Ich gab auf. Frustriert kehrte ich zu Kome zurück, die ihren Fisch längst geschuppt und ausgenommen hatte. »Dein Herz führt deine Hand«, sagte die freundliche, runde Priesterin und lächelte mich wohlwollend an.

Gemeinsam mit Oberpriesterin Odame berieten die anderen, was in meinem Fall zu tun war. Sie kamen zu dem Schluss, dass ich die wichtige Übung nachzuholen hatte. Diesmal war es die für das Element Erde zuständige Priesterin Oke, die mich und ein anderes junges Mädchen betreuen sollte. Ebenso wie ich hatte Enana versagt. Oke führte uns im Licht des klaren Vollmondes an eine Stelle des Flusses, wo der Sand hell leuchtete. Enana ging zur einen Seite, ich zur anderen. Mir erschien die Stelle, die Oke uns ausgesucht hatte, wenig sinnvoll. Das Wasser war sehr weit entfernt. Missmutig lief ich los, den Speer in der Hand.

Plötzlich hörte ich einen Schrei aus der Richtung, in die Enana aufgebrochen war. Sie ruderte mit den Armen. Ohne zu verstehen, was vor sich ging, rannte ich los. Doch ich konnte Enana nicht erreichen, da ich immer tiefer im weichen Sand einsank. Währenddessen verschwand Enana langsam. Es war Treibsand, in den wir beide geraten waren. Das Schicksal des Mädchens machte mir bewusst, was auf mich zukommen würde, wenn es mir nicht gelang, mich zu befreien. Von Oke war unterdessen keine Hilfe zu erwarten. Sie saß ungerührt auf ihrem sicheren Platz.

Die ganze Initiation ging mir durch den Kopf. Ich war der Leopardin begegnet – und sie hatte mich nicht angegriffen. Ich war in der Schwitzhütte gewesen – und nicht erstickt. Als ich über glühende Kohlen gelaufen war, hatten mir alle die Daumen gedrückt – und ich hatte nicht einmal eine Brandblase bekommen. Jedes Mal war jemand da gewesen, der mir in irgendeiner Form beigestanden hatte, selbst, wenn ich das zum damaligen Zeitpunkt nicht erkannt hatte. Diesmal jedoch verweigerte mir Oke, obwohl sie es hätte tun können, ganz offenkundig ihre Unterstützung.

Mir kamen all jene Situationen in den Sinn, in denen die eindrucksvolle Erdpriesterin und ich aneinander geraten waren. Den Höhepunkt stellte dieser Moment dar, in dem ich ganz langsam einsank, sobald ich mich auch nur ein bisschen bewegte. Ich stach den Speer in den fließenden Untergrund, um mich abzustützen. Der Speer hielt. Ich bewegte mich vorsichtig darauf zu. Nun musste ich den Speer irgendwie herausziehen, um mich in Sicherheit zu bringen. Die simple Waffe ließ sich kaum bewegen. Mit aller Gewalt riss ich sie hoch; ein Klumpen Lehm, groß und zappelnd, hing daran.

Ich hatte einen Fisch gefangen, einen Schlammfisch, wie diese Art Wels genannt wurde. Ich konnte mein Glück kaum fassen, vergaß meine Panik, stürzte und stolperte aus dem Verderben hinaus.

Oke sagte kein Wort. Ich sah ihr an, dass es ihr lieber gewesen wäre, ich hätte versagt. Oder sogar mehr als das. Die Gründe konnte ich nur erahnen; sie hatten wie eine unsichtbare Bedrohung schon lange über mir geschwebt: Die Priesterin war mit der Familie des Mannes verwandt, für den ich mich der Einweihung unterzogen hatte. Oke wollte verhindern, dass ich Victors Frau wurde. Denn sie hatte andere Pläne, die ich erst später durchschauen konnte. Jetzt, nach diesem unerwarteten Triumph, schenkte ich dem Fisch das Leben. Ich hätte ihn niemals essen können.

Meine Logik lieferte keine Erklärungen für den unerwarteten Ausgang meines Ausflugs. Es erschien mir wahrscheinlicher, beim Glücksspiel den Haupttreffer zu landen als in einem Schlammwasser blindlings einen

Fisch zu erwischen. Meine Freundin Laya, der ich alles schilderte, brachte mir die Rolle des Schlammfischs näher.

»Er gräbt sich im Schlamm ein, daher trägt er seinen Namen«, sagte Laya, »deshalb gehört er aber auch beiden Elementen an. Sowohl dem Wasser als auch der Erde. Dort hast du ihn gefangen, um ihn im Wasser freizulassen.« Layas Meinung zufolge hatte ich die Elemente miteinander verbunden und so den Schutz beider erhalten. »Oke wird dich nie wieder anfassen«, meinte Laya zuversichtlich.

Die einflussreiche Priesterin versuchte in der Tat nicht mehr, direkt mit mir in Kontakt zu treten. Ihr Ziel verfolgte sie dennoch weiter. Sie glich der Hyäne, von der die Leopardin erzählt hatte: Oke und ich, wir beide verfolgten unsere jeweiligen Vorhaben mit der gleichen Hartnäckigkeit.

In jener Nacht am Fluss konnte ich mich durchsetzen und habe mich oft gefragt, wie mir dies gelingen konnte. Layas mystische Erklärungsversuche in Ehren, aber einem Menschen wie mir, der sich lieber an die Logik hält, war diese Verständnisbrücke zu wackelig. Deshalb habe ich versucht, eine andere Erklärung zu finden. Es sind:

Meine letzten drei Schritte zum Ziel

Mir lediglich zu wünschen, dass etwas klappt, reicht nicht. Der unabdingbare Wille – ohne den Hauch eines Zweifels – ist die unerschütterliche

Voraussetzung für die Ernsthaftigkeit, mit der ich ein Werk beginne. Er ist die Grundlage meiner Hartnäckigkeit.

Schritt eins ist der Glaube an meine Fähigkeit, der die Hoffnung nährt, bestehen zu können. Diese Hoffnung ist stärker als die Angst, im Moment der Krise versagen zu können. Die Hoffnung wird unterstützt durch fundiertes Wissen und Erfahrungen.

Mein Selbstvertrauen strahlt nun so viel Zuversicht aus, dass ich im zweiten Schritt einen Mentor oder Verbündeten finde. Dieses letzte fehlende Quäntchen Wissen oder ein moralischer Beistand geben mir Auftrieb.

Den dritten Schritt muss ich allein tun: Mit eiserner Disziplin überwinde ich Durststrecken und Barrieren, um anzukommen, wo ich tatsächlich hin wollte. Was mir im Weg steht, räume ich beiseite. Ich will nur noch eines – ankommen. Wer mich in dieser Phase erlebt, hält mich schlimmstenfalls für stur. Das nehme ich in Kauf. Die anderen werden später sehen, dass ich Recht hatte.

Meine Traum-Verbündete hat mir vorgemacht, dass diese Taktik funktioniert. Sie weiß, dass sie nur dann überleben kann, wenn sie die lästige Hyäne austrickst. Sonst verhungert sie. Sie fasst den Entschluss, den Verfolger in die Arme eines Gegners zu treiben. Sie hat die berechtigte Hoffnung, dies zu schaffen, weil sie weiß, wie die anderen Hyänen reagieren, wenn sie gereizt werden. Ihre Schnelligkeit – Schritt eins – ist dabei ihr größter Trumpf. Im zweiten Schritt nimmt sie Kontakt mit einem anderen Gegner auf und macht ihn so zum Verbündeten. Den Schluss, das härteste Stück Arbeit, schafft sie nur mit größtmöglicher Disziplin.

Mit meiner Krankheit ging ich ebenso um. Wenngleich dies völlig unbewusst geschah. Am Anfang stand der feste Wille, mich von dieser Krise nicht unterkriegen zu lassen. Im ersten Schritt sammelte ich Wissen, das mich nach und nach mit der sich ständig verändernden Erkrankung gelassener umgehen ließ. Nun war ich bereit für die zweite Stufe, die Suche nach Unterstützung. Hier war es vor allem jener in die USA ausgewanderte Berliner Arzt, der als Mentor anregte, sogar einen Patientenratgeber zu schreiben. Das ließ mich stärker an mich selbst glauben – nach meinem eigenen Empfinden verließ ich die Ebene des unbedarften Laien und fand in der Professorin eine Verbündete, die mich außerdem richtig therapierte. Den dritten Schritt musste ich wieder allein gehen: die Behandlung trotz Nebenwirkungen auf mich nehmen und gleichzeitig beginnen, das Buch für andere Betroffene zu schreiben. Mit anderen Worten: Ich zerrte die Beute auf den Baum.

Meine Auseinandersetzung mit Oke verlief ähnlich, wenngleich etwas komplizierter: Nachdem ich erlebt hatte, wie Enana versank, erkannte ich die Gefahr, in der ich schwebte, und zog daraus den unbedingten Willen zu überleben. Der Fisch wurde mein Verbündeter. Und in gewisser Weise auch Oke, meine Gegnerin, deren Tatenlosigkeit mich anspornte. Die Kraft, um mich aus dem Treibsand zu befreien, musste ich aus mir selbst schöpfen.

In der Theorie sind solche Erklärungen leicht zu finden. Mein Leben geht voran und verlangt neue Herausforderungen. Um sie annehmen zu können, stelle ich mir:

Fragen an meine Ausrüstung

Zunächst untersuche ich meine Motivation: Bedeutet mein Ziel eine Verbesserung? Ist das Erreichen unerlässlich? Beide Fragen muss ich mit einem uneingeschränkten Ja beantworten können. Umso besser, wenn ich noch eine dritte Frage bejahen kann: Erfüllt mir dieses Ziel einen Traum?

Dann führe ich mir meine Eignung für die anstehende Aufgabe vor Augen: Habe ich Zweifel an meinem Ziel? Können diese Zweifel mich stoppen? Liegen sie an meinem Mangel an Fähigkeiten? Behalte ich mein Ziel dennoch bei? Wie sehr muss ich mich dafür ändern oder was muss ich dazulernen?

Zweifel gehören zu jedem Vorhaben. Sie sind die zweite Koordinate, wenn ich meine Erfolgskurve berechne. Sind die Zweifel stärker als die Fähigkeiten, entsteht die Angst. Angst ist nicht so rational nachvollziehbar wie Zweifel. Sie will liebevoll aus dem Versteck des Unbewussten hervorgeholt werden.

Ich frage meine Angst, ob sie wirklich für die anstehende Aufgabe gebraucht wird. Zum Beispiel, um mich vor einer Gefahr zu warnen, die größer ist als mein Ziel. Dann verdient meine Angst Beachtung, nachgeben müsste ich ihr aber nicht unbedingt. Ich kann mich nun fragen, ob ich über Fähigkeiten verfüge, die mich dennoch bestehen lassen.

Oder rührt meine Angst aus etwas ganz anderem, das ich jetzt vorschiebe, um mich nicht der großen – letzten Endes meine Bequemlichkeit störenden – Herausforderung stellen zu müssen? Dann ist sie ein fremdes Hindernis, das nicht ursächlich mit meinem momentanen Ziel zusammenhängt. Wenn ich mich jetzt intensiv mit meiner Angst beschäftige, kann ich sie aus dem Dunkel des Irrationalen ins Licht meiner Logik zerren. Erkenne ich meine Angst als Schutz vor einem Fehler an, so ist an diesem Punkt immer noch Zeit zur Umkehr.

Bin ich allerdings sowohl von meinem Ziel als auch meinen Fähigkeiten überzeugt, dann ergibt sich der zweite Schritt meistens von allein – die Suche nach Beistand. Hier vertraue ich oft meiner Intuition und gehe offen auf Menschen zu. Ich riskiere Zurückweisung oder gar Ablehnung. Sie sind das geringere Übel, das ich um das Erreichen des anvisierten Zieles willen in Kauf nehme. So, wie »meine« Leopardin auf den Anführer des Hyänenrudels zurennt. Sie will keine Freundschaft mit dem Gegner, sondern seine ähnlichen Interessen nutzen.

Im realen Leben habe ich übrigens in dieser Phase praktisch nie »Hyänen« getroffen, sondern im Gegenteil Menschen, die mir ausgesprochen wohl wollten. So wie die Professorin, die für mich die richtige Therapie fand. Im Grunde ist die Suche nach Verbündeten und Mentoren die schönste Zeit; ich darf mich nur nicht entmutigen lassen. Denn es gibt natürlich auch Menschen, die meine Aktivitäten missbilligend sehen. Sie gebärden sich wie Türsteher, die mir den Zutritt zu einem Ort verweigern. An ihnen muss ich vorbei. Komme, was wolle. Nachdem diese letzten Prüfungen überstanden sind, marschiere ich schnurstracks auf die »Beute« zu.

Es kann passieren, dass meine Verbündeten nicht die Kraft finden, mit mir Schritt zu halten. Mit dem Erreichen eines Ziels will ich kein neuer Mensch werden. Ich bleibe derselbe. Deshalb werde ich jene nachholen, die nicht meinen Schwung hatten. Sie sind Verbündete und werden Freunde. Das gilt auch für meine Krankheit. Besiegen kann ich sie niemals. Ich muss mit ihr leben. So wie die Leopardin mit ihrem Verfolger.

Für die drei entscheidenden Schritte zum Ziel braucht es die größte Kraft. Zum einen kann es vorkommen, dass ich anfangs mein eigener Widersacher bin. Denn obwohl ich überzeugt bin, über ausreichend Motivation zu verfügen, kann meine Angst alles scheitern lassen. Oder auch das mangelnde Vertrauen in meine Fähigkeiten. Was ich brauche, ist Zuspruch. Freunde oder Vertraute sind jetzt zwar eine Hilfe. Aber auf den Weg machen, um das eigene Ziel zu erreichen, muss ich mich letztlich allein. Den nötigen Zuspruch muss ich aus dem Vertrauen schöpfen, mit einer tauglichen Ausrüstung auf dem richtigen Weg zu sein.

Während meiner Einweihung, in der es so oft um den Zusammenhalt einer starken Gemeinschaft ging, war das nicht anders: Die wesentlichen Erfahrungen machte jeder für sich, durfte nicht einmal darüber sprechen, da man – wie Odame sagte – »innerlich wachsen« soll. Erst dann, nach all diesen Prüfungen, ist man für die anderen ein wertvolles Mitglied: Eine wirklich starke Gruppe besteht immer aus vielen starken Einzelpersonen.

Woher nehme ich die Kraft, die Herausforderung zu suchen? Mammy Waters weise Frauen hatten ein wunderbares Mittel: Sie befragten das Orakel. Wiederholt wurde es zu Rate gezogen, um zu überprüfen, ob die eingeschlagene Richtung stimmt. Es war der Kompass, nach dem sie sich richteten. Für mich ist ein ähnliches Mittel:

Die Suche nach dem roten Faden

So wie fast jedes Lied einen Refrain hat, der eine mal mehr, mal weniger sinnvolle Botschaft ausdrückt, zieht sich durch das Leben ein roter Faden. Er ist mal deutlich, mal weniger gut erkennbar.

Schon als kleines Kind begleitete ich meine Mutter,

eine Krankenschwester, zur Arbeit. Dort wurde ich manchmal mit so traurigen Schicksalen konfrontiert, dass ich sie heute noch lebendig vor Augen habe. Zum einen weckte das mein Interesse an Medizin. Zum anderen sah ich, dass meine Mutter unerschrocken zupackte. Sie ließ sich auch von aussichtslosen Fällen nicht abschrecken. Helfen war ihre Berufung. Ich begriff intuitiv, dass immer noch irgendetwas »machbar« ist. Meine Mutter fand ihre innere Kraft in einem tiefen Glauben an Gott.

Mein Vater, selbstständiger Kaufmann, war viel unterwegs. Ich, in den ersten elf Jahren meines Lebens ein Einzelkind, blieb oft allein und schrieb viel in mein Tagebuch. Ich suchte Trost in Abenteuergeschichten, die mich in fremde Länder führten. Als blutjunge Frau traf ich meinen ersten Mann, einen Afrikaner, der diese Sehnsucht erfüllte. Ich lernte die wirklich ferne Welt aus der Nähe kennen, was mich letzten Endes mit den weisen Frauen zusammenbrachte. Bei ihnen erfuhr ich neben all den spirituellen Erfahrungen viel über Heilkräuter. In diesen Frauen, zumeist im damaligen Alter meiner Mutter, trafen sich sowohl ihre tiefe Gläubigkeit als auch ihre Bereitschaft zum Helfen.

Mein zweiter Mann, ein Journalist, weckte in mir das Interesse, meine Erlebnisse in Afrika so aufzuarbeiten, dass sie in ein Buch mündeten. So führte ich meine kindliche Faszination für fremde Welten mit meiner niemals versiegten Tagebuchschreiberei zusammen.

Als das Schicksal mir dann auch noch diese lästige Krankheit aufzwang, ging ich sie auf die gleiche Weise an.

Ich hatte somit in meinem Leben zwar das große

Glück, eine Menge Verbündeter und Mentoren zu treffen. Doch ich war auch deshalb stark, weil es diesen mit bloßem Auge kaum sichtbaren roten Faden in meinem Leben gab, der in Wirklichkeit natürlich aus mehreren bestand.

Wenn ich heute vor einer Herausforderung stehe, so versuche ich zu entdecken, ob sie im Zusammenhang mit dieser Lebenslinie steht. Dann kann ich eine Antwort auf die Frage finden, ob die neue Aufgabe zu mir passt.

Mit dem roten Faden verhält es sich ähnlich wie mit Odames Satz, mit dem sie die Neulinge in ihrem Tempel begrüßte: »Schon lange bevor ihr geboren wurdet, haben die Ahnen beschlossen, zu welchen Aufgaben ihr auf die Erde zurückkehrt. Ihr habt es nur vergessen.«

Auch ohne Orakel ist es meiner Überzeugung nach möglich, die eigene Bestimmung zu entdecken. Dazu beantworte ich mir von Zeit zu Zeit ein paar Fragen möglichst ehrlich. Ich nenne diese Übung:

Das Spiegel-Ritual

Ich stelle einen kleinen Spiegel auf den Tisch. Ein Blatt Papier und ein Stift liegen zur Verwendung im zweiten Teil der Übung bereit. Daneben versammle ich ein paar Utensilien. Zum Beispiel je eine Schale mit frischem Wasser und Sand, eine Kerze und Fotos von Menschen, die mir etwas bedeuten.

Ich sehe mich lange im Spiegel an, fast wie bei

der Kinderübung: Schau mir in die Augen und wer zuerst lacht, hat verloren. Ich versuche meinem Blick standzuhalten. Dieses Ausharren ist sehr wichtig. Es konfrontiert mich mit meiner Ehrlichkeit und meiner Hartnäckigkeit.

Nach einer Weile stelle ich mir einige Fragen, die mein Leben betreffen:

In welchen Lebensphasen war ich glücklich? Welche Leitfiguren habe ich? Was macht meine innere Zufriedenheit aus? Welche Bedürfnisse habe ich? Auf welche Werte (materiell und ideell) kann ich nicht verzichten? Passt meine Alltagsstruktur überhaupt zu mir? Ist mein Wollen vernunftgesteuert? Wie stark klaffen meine Träume und meine Realität auseinander? Existiert eine Brücke zwischen meinem Wünschen und meinem Wollen? Wo kann ich beginnen, meine Sehnsüchte und Neigungen mit meinen Pflichten zu verbinden?

Die Antworten auf diese Fragen gebe ich mir laut und schreibe sie auf den bereitliegenden Zettel. Ich lese mir das Ergebnis durch und hinterfrage, wo ich mich um eine offene Antwort gedrückt habe. Es hat keinen Sinn, mich selbst zu beschwindeln, denn die Antworten gehen nur mich etwas an.

Eine andere Art, meine Hartnäckigkeit zu üben, zeigte mir Urika. Die Feuerpriesterin versammelte mehrere Frauen in einem Kreis, in dem Trommeln aufgestellt waren. Während sich die anderen voller Eifer daran machten, lautstark loszulegen, zögerte ich. Zum einen hatte ich mich noch nie an einer Trommel versucht, zum anderen mag ich keine lauten Töne. Ich überwand meine Scheu und schlug zaghaft auf das straff gespannte Fell. Niemand, außer mir selbst, schien zu bemerken, wie linkisch und verklemmt ich war. Es dauerte ziemlich lange, bis ich eine – wahrscheinlich wenig harmonische – Abfolge von Tönen zuwege gebracht hatte.

Endlich fand ich den Mut aufzusehen, um zu überprüfen, wie sich die anderen mittlerweile verhielten. Meine Nachbarin hatte die Augen geschlossen und schlug in wilder Abfolge drauflos. Schön klang das auch nicht gerade. Ich probierte es auf ihre Weise. Wieder dauerte es eine Weile, bis ich die Veränderung zu spüren begann. Die Töne hallten in meinem Körper wider, ich wurde zu einem Teil der Trommel. Bilder tauchten vor meinen geschlossenen Augen auf, die mich glücklich machten. Ich trommelte mich frei, frei von meiner Angst vor Peinlichkeit. Die Zwangsjacke meiner Ängste sprang auf. Ich vergaß meine Umgebung und vor allem mich selbst. Es war ein Sieg.

Afrikaner sehen in der Trommel kein Instrument, sondern den Mittler zwischen den Welten des Sichtbaren und des Unsichtbaren, den Weg in die Trance. Die Trommel, zusammengesetzt aus verschiedenen Natur-Stücken, lebt. Richtig behandelt »spricht« sie sogar. Das ist wörtlich als Dialog zwischen Trommler und Trommel zu verstehen (deshalb gehört sie zum Element Feuer).

Mit der Art, die Trommel zu bedienen, entführt der Trommler die Tänzer in andere Welten. Der Weg zu den höheren Wesen, deren Namen so unterschiedlich sind wie jene, die sie anrufen, ist nur mit Hartnäckigkeit zu erreichen. Er gleicht der Besteigung eines sehr hohen Berges. Oben angekommen wartet die größte Belohnung: der Triumph über sich selbst, ausgedrückt durch den Blick hinab ins Tal, wo alles winzig anmutet. So klein, wie man selbst war, bevor man diesen Berg bezwang.

Nur wenige Berge Afrikas sind richtig hoch. Die höchsten befinden sich im Osten des Kontinents.

In Kenia traf ich eine alte Frau. Sie erzählte, wie sie in ihrer Jugend einen Berg zu einem rituellen Zweck bestiegen hatte.

Stell dir vor, du bist eine Frau aus einem traditionellen Dorf in Afrika. Zu deinen Aufgaben gehört Säen, Pflanzen, Jäten, Ernten. Die Natur ist dein Helfer. Du lebst mit den Jahreszeiten.

In der Ferne siehst du den Berg, auf dessen sanften Ausläufern die Felder deiner Familie liegen. Der Himmel ist klar, doch um den Gipfel des Berges hat sich ein Kranz aus Wolken gelegt. Früher kamen diese Wolken zu deinem Dorf, brachten Regen und damit Fruchtbarkeit. Die Saat, die du so mühsam in den Boden ausgebracht hattest, begann zu keimen und trug irgendwann die Frucht, die deine Familie satt machte.

Auf der Spitze des Berges wohnt die Göttin, die den Regen auf deine Felder schicken kann. Es ist ein weiter Weg bis zu ihr. Du bist ihn noch niemals gegangen. Er ist gewiss beschwerlich und lang. Du siehst auf die Felder, die du bestellen musst. In deinem Korb liegen Samenkörner, die du in den Boden legen sollst. Wenn der Regen erneut ausbleibt, wird das meiste verdorren und ihr werdet Hunger leiden.

Du besprichst dich mit deiner Mutter, deinen Schwestern, deinen Tanten und Cousinen. Gemeinsam seid ihr für die Feldarbeit zuständig. Ihr kommt zu dem Schluss, dass die Göttin auf dem fernen Berg um Hilfe gebeten werden muss. Ihr befragt das Orakel, wer gehen soll. Es bestimmt dich. Du hast gespürt, dass es so kommen wird. Dieser Ausgang der Befragung der Ahnen gibt dir den Mut, dich der Herausforderung zu stellen.

Du füllst Proben des Saatguts in deinen Feldkorb. In einem großen Ritual, zu dem sich das ganze Dorf trifft, werden die Ahnen gebeten, dich auf deinem beschwerlichen Weg zu unterstützen. Dann gehst du los, durchquerst das weite, hügelige Land, steigst immer weiter empor. Der Weg ist jetzt noch einfach, bereitet dir keine Mühe. Je weiter du dich von deinem Dorf entfernst, desto weniger Felder liegen auf deiner Strecke. Du erreichst die ersten großen, dicht stehenden Bäume.

Im Wald wird es angenehm kühl, dein Schritt ist beschwingt und leicht. Der Schatten ist deine Belohnung für das erste Stück, auf dem du unter der Hitze gelitten hast. Du erreichst die ersten Verzweigungen, fragst dich, welches der richtige Weg ist. Du versuchst durch das dichte Blätterdach der Bäume einen Blick auf die Sonne zu werfen und orientierst dich an ihrem Stand. Nun kennst du wieder die Richtung, die dich deinem Ziel entgegenführt.

Der Weg wird immer schmaler, löst sich schließlich im Dickicht auf. Du zerteilst die Ranken und bahnst dir eine Furt durch das wilde Grün, das hier so prächtig gedeiht. Immer weiter steigst du nach oben. Dornen hinterlassen auf deiner Haut Kratzer. Die Sonne bestätigt dir, dass deine Richtung stimmt. Die Bäume werden niedriger, deine Füße treten auf die ersten losen Gesteinsbrocken. Du rutschst ab, taumelst.

Du warst nicht achtsam genug, doch das Saatgut, für das du unterwegs bist, liegt noch im Korb. Du deckst es wieder sorgfältig zu und beschließt vorsichtiger zu sein. Du gehst langsamer, achtest auf jeden Schritt, den du tust. Die Unbeschwertheit, mit der du bislang unterwegs warst, weicht der Sorge um die kostbaren Körner, die du mit dir führst. Du spürst jetzt die Verantwortung, die auf dir ruht. Die Menschen im Dorf warten auf deine erfolgreiche Rückkehr.

Dein Fuß schmerzt ein wenig und ist dir ständige Mahnung, nicht übermütig zu laufen, sondern bedächtig deine Schritte zu setzen. Der Weg führt dich heraus auf eine freie Fläche, auf der nur mehr wenig Erde den blanken Stein bedeckt. Von hier aus hast du einen freien Blick auf den Gipfel. Wie weit er noch entfernt ist! Die Strecke, die vor dir liegt, erscheint dir endlos. Von unten sah alles so leicht aus. Nun wird dir bewusst, wie klein du bist und wie groß der Berg, den zu bezwingen du dir vorgenommen hast.

Verzagt machst du eine Pause. Du sitzt mit dem Rücken zum Berg und blickst hinunter auf die weite Ebene. Die Hügel, die du überquert hast, kannst du kaum mehr erahnen, so flach wirken sie von hier oben. Das Dorf, aus dem du aufgebrochen bist, kannst du gar nicht mehr sehen. Nur noch die weiten, kargen Felder. Die so fruchtbare Erde schimmert müde und durstig.

Verweile nicht länger, ermahnst du dich, brich auf und schreite mit neuer Kraft hinauf. Du kannst es schaffen. Die Menschen deines Dorfes glauben an dich und den Elan, mit dem du dich der großen Aufgabe gestellt hast. Die Ahnen haben niemand anderen auserwählt als dich. Also werde ihnen gerecht.

Du änderst deine Route, wählst einen Weg, der sanfter, aber sicherer nach oben führt. Du konzentrierst dich auf deine Schritte. Jeder einzelne führt dich weiter. Es ist deine Kraft, die dich vorantreibt. Du bist stark, denke in jedem Augenblick daran. Dein Atem geht schnell, du horchst in dich hinein, fühlst, wie dein Herz das Blut durch deinen Körper pumpt. Du presst den Korb fest an dich und gehst ohne Pause vorwärts.

Nach einer weiteren Biegung fällt der Hang neben dir steil ab. Noch niemals hast du diese Seite des Berges gesehen. Das Land weit unter dir ist zerklüftet, spitz aufragende Gesteinszacken machen es unwirtlich. Du wendest den Blick ab, hinauf zum Gipfel. Doch du kannst ihn nicht mehr sehen. Über dir schweben dichte Wolken. Der Anblick ängstigt dich. Denn du weißt, du musst hinauf. Hinein in dieses undurchdringliche Weiß.

Während du weitergehst, spürst du, wie es kälter wird. Du raffst das Tuch, das lose um deine Schultern hing, enger, umklammerst fest den Korb. Er ist die Aufgabe, die du zu erfüllen hast. Ihn musst du zur Göttin bringen, damit sie ihren Segen gibt für die Saat, die dein Dorf ernähren soll. Du irrst durch dichten Nebel. Deine Füße stoßen gegen Steine, du weichst zurück, suchst nach einem festen Halt und kommst immer weiter nach oben.

Das helle Weiß, das dich völlig umhüllt, ist kühl, aber die Luft ist feucht und tut deiner Haut gut. Niemals hast du diese angenehme Nässe gespürt. Du würdest sie gern mitnehmen auf deine Felder und sie dort verteilen. Du hältst inmitten des Nebels inne, nimmst das Tuch von deinem Korb und fächelst die feuchte Luft hinein. Wenigstens dieser Samen soll die kostbare Feuchtigkeit in sich speichern. Das Tuch, das du nun wieder darüber deckst, ist klamm wie jenes, in das du gehüllt bist.

Langsam und konzentriert auf den Boden blickend setzt du deinen Weg fort. So gehst du unentwegt weiter, in Gedanken siehst du die Helligkeit oberhalb der Wolken. Du weißt, sie ist dort. Du hast sie von deinen Feldern aus gesehen. Im Licht über der Krone aus Wolken wohnt die Göttin. Es liegt nur an dir, sie zu erreichen. Zaudere nicht, geh und glaube an dein Ziel.

Du hast gewollt, dass die Göttin euch beisteht. Die Ahnen haben deinem Wunsch entsprochen. Also achte nicht mehr auf die losen Steine, die dich abrutschen lassen. Vergiss den dichten Nebel, der die Sicht nimmt. Die Wolken werden weichen.

Langsam merkst du, dass es heller wird. Du beschleunigst deine Schritte. Willst hinaus aus dem Geflecht der Wolkenbänke, das dich von deiner Aufgabe zurückzuhalten versucht. Du rutschst auf den feuchten Steinen aus, reißt den Korb hoch, schützt ihn mit deinem Körper und taumelst gegen eine harte Felswand. Schwer atmend lehnst du dich dagegen, hebst den Korb vor deine Augen. Erleichtert stellst du fest, dass noch alles darin ist. Du hast Glück gehabt.

Du gehst weiter, dem Licht entgegen. Es wird immer klarer, dein Atem wird freier. Die Steine, auf die du trittst, sind trocken und bieten dir Halt. Noch einmal macht der Weg eine Biegung. Jetzt siehst du den Gipfel. Keine Wolke verstellt mehr den erhabenen Anblick. Du eilst über weiche Erde, die ein kurzes Stück bedeckt. Es führt in leichter Steigung bergan und endet vor einer Wand.

Wie sollst du diese Senkrechte erklimmen? Es erscheint dir unmöglich. Du wendest dich ab und suchst nach einer anderen Stelle, die dir den letzten Aufstieg zum Sitz der Göttin ermöglichen kann. Überall erblickst du nur kahlen Fels. Doch es gibt kleine Vorsprünge, an denen du dich festhalten kannst. Das letzte Stück scheint nicht mehr sehr hoch zu sein, doch es ist das steilste von allen. Mit dem Korb in der Hand kannst du unmöglich hinauf. Du brauchst beide Arme, um dich hochziehen zu können. Ohne das Saatgut ist der Aufstieg sinnlos.

Du nimmst das Tuch von deinen Schultern und leerst die von den Ahnen gesegneten Körner vorsichtig hinein. Dann knotest du das Tuch sorgfältig zu. Die langen Enden schlingst du um deine Stirn und schiebst die Ausbuchtung des Tuchs in deinen Nacken. Du streifst deine Sandalen ab und lässt sie beim Korb zurück.

Der erste Schritt hinein in die Felswand schmerzt, du drückst deinen Körper federnd ab und fasst zu. Du ziehst dich hoch und schiebst deinen Körper gleichzeitig mit der Kraft der Beine nach oben. So fährst du fort, siehst nicht nach unten, vergisst den Abgrund unter dir. Es zählt nicht, was du zurücklässt. Sondern einzig, was du erreichen willst. Du wirst es schaffen. Es ist schwer, schmerzhaft und langwieriger als du es dir vorgestellt hast.

Noch einmal ziehst du deinen Körper hoch. Dein Kopf schiebt sich über die letzte Kante. Deine Beine folgen, du kriechst auf das schmale Gipfelplateau, atmest schwer. Auf allen vieren kauerst du auf dem nackten Stein, wartest, bis sich dein Puls beruhigt.

Und jetzt, ganz langsam, ziehst du ein Knie an, stützt

deine Arme ab, bis sie gerade sind, drückst deinen Körper hoch, deine Hände verlieren den Kontakt mit dem harten Stein. Du richtest dich auf, hebst die Arme gegen den Himmel, drückst das Kreuz durch und streckst die Hände aus nach dem unendlichen Blau über dir.

So bleibst du stehen, atmest tief ein und aus. Du bist oben. Du hast es geschafft. Du bist ihr jetzt ganz nah, ihr, deiner Göttin.

Langsam löst du den Knoten des Tuchs und legst es behutsam zu deinen Füßen ab. Du setzt dich davor, verschränkst die Beine und öffnest das Tuch, das du während der Feldarbeit auf dem Kopf trägst, damit es dich vor der Sonne schützt. Du breitest es aus, zupfst die Ecken gerade. Du verweilst und wartest, was geschieht.

Das Land liegt unter einem sanften Schleier aus blauem Dunst. Die Wälder, die du durchquert hast, siehst du nicht, aber du erahnst die Felder, von denen das Saatgut stammt, das du auf den Berg getragen hast.

Für diesen Augenblick hast du gelebt. Seit Wochen wolltest du hier sein, auf dem Gipfel. Du nimmst das Saatgut, das du in die Erde einbringen wirst, in die Hände und hebst es gen Himmel, streckst die Arme weit von dir, damit sie sieht, was dich stark gemacht hat.

Es sind gute Körner, sie werden euch sättigen. Die Göttin, die dich empfangen hat, wird ihnen Regen schicken und sie wachsen lassen.

Je höher, desto tiefer

Hartnäckig wie meine Traum-Verbündete hatte ich den Schatten, der mich verfolgte, gebannt. Die Krankheit zu einem Teil meines Lebens werden lassen. Ich hatte andere Betroffene kennen gelernt, die noch viel mehr als ich über das Leiden wussten. Aber auch solche, die an einer Diagnose verzweifelten, die sie nicht verstanden. Ihnen gab ich von meiner neu gewonnenen Stärke ab, indem ich sie teilhaben ließ an meinem Wissen und wichtige Adressen vermittelte. Ärzte hatten sich gemeldet, die über das Internet auf mich als Ansprechpartner gestoßen waren. Ich hatte für mein Ratgeberbuch sogar einen Verlag gefunden.

Ich befand mich dank meiner hartnäckigen Suche nach Erkenntnissen auf dem Höhepunkt. Ich glaubte, dass ich die Krankheit wirklich im Griff hatte.

Die zurückgekehrten Schmerzen ignorierte ich viel zu lange: Der Wolf griff mich wieder an. Mein Höhenflug brach abrupt ab. Durch die körperliche Krise geriet ich in eine psychische, einen typischen Tiefpunkt. Ich hatte das Gefühl, von einem Berg, den ich mühsam erstiegen hatte, abgestürzt zu sein.

Ich sehe schon, hörte ich die Stimme der Leopardin, du hast deinen Verfolger unterschätzt.

Wie soll es weitergehen?, fragte ich matt.

So wie es immer weitergeht, lautete die Antwort. Du leckst deine Wunden und hoffst, dass du dich nach einer Niederlage rasch erholst. Du bist doch nicht die Einzige, die nach einem Triumph am nächsten Morgen erwacht und feststellt, dass um sie herum alles grau ist.

Kannst du denn da mitreden? Du bist jemand, der stets auf die Beine fällt.

Herzhaft gähnend sagte meine Traum-Gefährtin: Du irrst. Man muss nicht krank werden, um sich wie erschlagen zu fühlen. Es reicht, wenn das Glücksgefühl verfliegt und sich die Erkenntnis einstellt, dass alles wie gewohnt weitergeht. Plötzlich bist du traurig und hast keine Ahnung, warum.

Ja und dann?

Mit einem Satz sprang sie vom Baum herunter, machte sich lang und streckte die Vorderpfoten von sich, das Hinterteil hoch erhoben.

Wie willst du wissen, dass du glücklich bist, wenn du nicht von Zeit zu Zeit unglücklich bist? Das ist nun mal der Lauf der Welt. Die Leopardin trat zu mir und sagte so dicht an meinem Ohr, dass ich ihren heißen Atem spürte: Manchmal werde ich übermütig und jage die Paviane in den Bäumen. Ich fühle mich ganz toll, wenn ich einen Affen in die Enge treibe. Der aber schwingt sich von einem dünnen Ast zum nächsten. Ich stehe da und sehe ihn entschwinden.

Dann musst du wieder runter, folgerte ich logisch.

Sie zog sich zurück, zeigte fauchend ihre Zähne: Glaub mir, ich hasse es, von solch hohen Bäumen herunterklettern zu müssen.

Es liegt in deinem Naturell, Affen zu jagen.

Du hast es erfasst, knurrte sie. Wir beide sind eben verwandte Seelen. Du findest es stark, wenn dich ein Arzt um Rat bittet, und bist einen Tag später so krank, dass du selbst Hilfe brauchst.

Ich wusste nichts mehr zu sagen. Meine Verbündete hatte Recht: Je höher man steigt, desto tiefer fällt man. Mit meiner Krankheit hatte diese Erkenntnis nichts zu tun. Sie war allgemein gültig.

Du liegst ja schon, meinte die Leopardin, da wird es dir leichter fallen, dich bei meiner Geschichte zu entspannen. Sie zeigte mir die Narbe an ihrer Flanke.

Ich erzähle dir, wie es dazu kam.

Nach dem Kampf

Atme tief ein und aus. Entspann dich, vergiss deine menschlichen Sorgen. Vergiss, wer du bist und stell dir vor: Du bist ich – eine afrikanische Leopardin.

Deine Jagd in der Savanne war leicht und erfolgreich. Du zerrst deine Beute ohne viel Mühe auf einen Baum. Obwohl du Hunger hast, kannst du sie jetzt nicht fressen. Dein Junges blieb im dichten Gestrüpp zurück. Du musst es sofort nachholen; es ist zu klein, um sich gegen Angreifer zur Wehr zu setzen. Bevor du den Baum verlässt, spähst du in alle Richtungen. Beruhigt machst du dich auf den Weg zu deinem Nachwuchs; es ist kein Futterneider in Sicht.

Du kannst dein Junges nicht entdecken, wirst unruhig und nimmst seine Fährte auf. Bevor du die Spuren der Hyäne siehst, witterst du schon ihre Ausdünstung. Eilig folgst du der Fährte deines Kindes. Seine Tatzen liefen vor nicht allzu langer Zeit durch diesen Sand. Du hastest lautlos weiter, spürst die Gefahr, in der sich dein Kind befindet, am eigenen Leib. Deine langen Barthaare zittern, dein Fell richtet sich auf. Ein Kampf scheint unausweichlich.

Deine feinen Ohren vernehmen wimmernde Geräusche. Sie führen dich zu einem Dickicht, über dem bereits ein Geier kreist. Davor liegt eine Hyäne. Sie ist allein, traut sich aber nicht in die Dornen. Dein überraschender Angriff vertreibt sie. Du achtest nicht auf die Dornen und kämpfst dich zu deinem tapferen Jungen vor.

Es hat das einzig Richtige getan und bezahlt seinen Mut mit tiefen Kratzern. Nachdem du es aus seiner misslichen Lage befreit hast, lässt du es säugen. Deine raue Zunge reinigt seine Verletzungen, deine zärtliche Zuneigung beruhigt es. Als es sich satt getrunken hat, macht ihr euch umsichtig auf den Weg zu dem Baum, auf dem die Beute bereitliegt.

Eine Hyäne hat sie inzwischen heruntergezerrt. Du er-

starrst, witterst und spitzt die Ohren. Es ist der Anführer eines Rudels, der dort frisst. Blitzschnell drehst du dich um. Du und dein Junges sind umzingelt vom Rest der Rotte. Gegen diese Übermacht ist jeder Kampf aussichtslos. Schon kommt das älteste Weibchen auf dich zu, den Kopf gesenkt.

In letzter Sekunde packst du dein Junges entschlossen im Nacken, entdeckst eine Lücke zwischen zwei jungen Tieren und spurtest darauf zu. Ein rettender Baum ist weit entfernt. Die Angreifer, die von der Seite kommen, bemerkst du zu spät. Sie stoßen mit ihren riesigen Mäulern in deine Flanke. Die Wucht des Aufpralls lässt dich taumeln, du überschlägst dich und verlierst dein Junges. Sie haben es nicht auf dich abgesehen, sondern auf dein Kind.

Du rappelst dich auf und gehst ohne Zögern auf die Meute los, verbeißt dich im Nacken des Peinigers. Unter deinem wütenden Angriff lässt er dein Junges los. Du eilst deinem Kind zu Hilfe. Da packen zwei mächtige Kiefer deinen Hinterlauf. Wieder gelingt es dir, dich zu befreien. Humpelnd hetzt du deinem Sprössling nach, schnappst ihn im Genick. Behutsam bringst du dein Kind in Sicherheit.

Ermattet streckt ihr beiden euch auf den rettenden Ästen aus, habt kein Auge für die Hyänen. Sie können euch nicht erreichen. Dein Junges ist blutig und du leckst seine Wunden. Erleichtert stellst du fest, dass es kaum verletzt ist. Es will trinken und schiebt sich an deine Flanke. Erst jetzt siehst du, dass es dein eigenes Blut ist, das du von ihm abgeleckt hast. Eine der Hyänen hat dir eine schwere Wunde zugefügt.

Behutsam bugsierst du dein Kind in eine Position, so dass es trinken kann, während du deine Blutungen stillst. Du sammelst in der Ruhe dieses Augenblicks Kraft, um deine innere Stärke und Ausgeglichenheit zurückzugewinnen. Ihr beiden werdet warten, bis die Meute weiterzieht. Es sind viele, der Hunger wird sie Ausschau halten lassen nach anderer Beute.

Dein Junges schmiegt sich eng an dich, atmet ruhig. Es hat bewiesen, dass es in der Gefahr bestehen kann. Obwohl es noch so jung ist, hat es schon verstanden, auf sich selbst aufzupassen. Du hast ihm gezeigt, dass das Leben zwar hart sein kann, doch die Flucht in einen Dornbusch verspricht geringere Schmerzen als der Kampf mit einer Hyäne.

Du schließt die Augen und leckst sein weiches Köpfchen, während es behaglich schnurrt. Eure Liebe gibt euch die Stärke, die Leiden zu verkraften, die euch zugefügt wurden.

»Das Buschfeuer vernichtet das Gras,
aber nicht die Wurzeln.«

Die sechste Stärke der Leopardin: Leidensfähigkeit

Ich war sicher, dass Victor und mir eine viel versprechende Zukunft offen stand. Schließlich hatte ich durch das Bestehen der Einweihung die wichtigste Voraussetzung erfüllt, um im Palast akzeptiert zu werden. Nach den beschwerlichen Tagen im *compound* der Priesterinnen blickte ich optimistisch nach vorn.

Odame entließ keine ihrer Initiandinnen, ohne in einer abschließenden Zeremonie im Tempel der Mammy Water das Orakel zu werfen. Sie benutzte kleine, vom vielen Gebrauch bereits gelblich verfärbte Kaurischnecken. Die 16 Teile formierten sich zu einem Gebilde, das mit etwas Phantasie einer Blume mit langem Stängel glich. Mit einem dünnen Bambusstöckchen fuhr sie die Formen nach, deutete auf zwei Kauris, die wie Blättchen an den Seiten des Stängels zu kleben schienen. Jedes deutete in eine andere Richtung.

»Dies ist ein Paar, ein Mann und eine Frau; sie passen nicht zusammen«, erklärte die alte Priesterin.

Ich glaubte, mein Herzschlag würde aussetzen. Das Orakel entsprach überhaupt nicht meinen Erwartungen. Ich hielt Odame für eine Frau, deren Weisheit über niedere Ränkespiele erhaben war. Ausgerechnet sie würde etwas Heiliges wie ein Orakel nicht missbrauchen, um meine Hochzeit mit Victor zu hintertreiben.

Odame erinnerte mich an die Dunkelheit, die mich umgab und die mich wie die Leoparden im Busch jagen ließ. Nun erkannte sie in meiner Zukunft Finsternis.

Sie stellte dem Orakel die Frage, ob sich die Dunkelheit lichten würde, und warf die Kauris erneut. Diesmal starrte sie das sich mir bietende Durcheinander lange an.

Endlich brach sie ihr Schweigen: »Zwei Männer werden sterben. Und ein Kind. Es gehört zu dem Mann, der dir am nächsten steht.«

Ich zermarterte mir den Kopf, was diese Interpretation bedeuten konnte.

»Dein Weg führt dich tiefer hinein in die Dunkelheit«, führte Odame aus. »Ich sehe schwere Konflikte, die auf dich warten.«

Was denn, dachte ich, sollte etwa alles umsonst gewesen sein? Anstatt durch die Einweihung einen Schritt vorwärts zu machen, drohten mir mehrere rückwärts?

Mit diesem Damokles-Schwert über dem Kopf kehrte ich zu dem Mann zurück, den ich heiraten wollte. Während ich bei den Frauen gelernt hatte, war Victor im Männerbund gewesen. Seine Erfahrungen hatten in ihm die Einsicht reifen lassen, dass er die Erwartungen seines Vaters an eine Nachfolge im traditionellen Sinne nicht erfüllen konnte. Gemeinsam fassten wir den Schluss, dass er nicht in *chief* Williams Fußstapfen treten sollte.

Befreit von der Bürde der Verantwortung schmiedete Victor Pläne. Er wollte künftig sowohl in Afrika als auch in Europa leben. Gemeinsam mit seinem Vater flog er zu einem Verwandten, den die beiden heimlich bitten wollten, Victors Platz einzunehmen. Ich fuhr nach Lagos und wartete auf meinen Prinzen. Victor kam nicht zurück.

Das Flugzeug hatte den letzten Funkkontakt über

schwer zugänglichen Sümpfen im Delta des Niger gehabt, einem riesigen Gebiet. Mir war klar, dass sich eine Suchaktion dort nur schwer durchführen lassen würde. Verzweifelt erwog ich die absurdesten Methoden. Da die nigerianische Polizei kaum Unterstützung anbot, wollte ich mich mit Suchhunden auf den Weg machen. Keinen Gedanken verschwendete ich an die Unsinnigkeit eines solchen Vorhabens.

Eine Freundin aus Lagos, die sich mit schwarzer Magie auskannte, stellte die unbeweisbare Hypothese auf: Ein Verwandter Victors hat bösen Zauber eingesetzt. Das hielt ich, zutiefst verwundet und verstört, nicht einmal für unmöglich. Victor hatte Feinde. Jener, den die Freundin der Täterschaft bezichtigte, machte keinen Hehl daraus, dass er schwarze Magie benutzte. Viele Menschen in Nigeria glauben an die dunklen Mächte. Mit diesem Glauben kann man sie in Schach halten.

Die Freundin brachte schließlich zwei so genannte Suchmänner zu mir. Sie glaubten die Vermissten orten zu können. Ich schaltete jede Logik aus und setzte auf diese letzte Hoffnung. Das Wrack wurde dank ihrer Hinweise tatsächlich gefunden. Zu spät. Victor und sein Vater waren tot.

In diesen schrecklichen Wochen stellte ich fest, dass ich schwanger war. Ich klammerte mich an das Ungeborene. Ich hatte eine Fehlgeburt und musste auch Victors Kind hergeben. Die Voraussage von Odames Orakel hatte sich auf schlimmste Weise erfüllt: Zwei Männer und ein Kind waren gestorben. Es war mir nichts geblieben.

Durch Victors Tod riss die Verbindung zu seiner Familie. Und somit auch zu den Priesterinnen. Ich spürte intuitiv, dass mir nur Rituale über meinen Schmerz hinweghelfen konnten, wie diese Frauen sie pflegten. So fand ich den Weg zu einer anderen Gemeinschaft, die Mammy Water verehrte. Sie befreite mich mit einem Trauer-Ritual aus dem Sumpf meiner Niedergeschlagenheit.

Ich veranstalte es auch heute gelegentlich in ähnlicher Form, um einen schweren Verlust oder eine Niederlage zu verarbeiten, wie sie zum Beispiel eine Trennung oder auch das Ende einer bedeutsamen Arbeit (unwichtig, ob dieses Ende freiwillig oder unfreiwillig eintritt) darstellt:

Das Abschieds-Ritual

Ich suche ein 20 bis 30 Zentimeter langes, unbearbeitetes Holz. Zum Beispiel ein kräftiges Stück Borke oder einen Ast. Dieses Holz verändere ich so, dass es eine Beziehung zu dem Menschen bekommt, den ich verloren habe. Handelt es sich um die Trennung von einem Ziel oder einer Arbeit, erhält das Holz Symbole, die das verloren Gegangene verkörpern.

Ist es ein Mensch, so wird sein Name mit jenen Farben auf das Holz gemalt, die diese Person mochte. Es wird geschmückt mit einem Andenken an diesen Menschen, zum Beispiel einem Taschentuch oder einem Kettchen. Ich klebe ein Foto des Betreffenden darauf.

Geht es um einen ideellen Wert, den ich loslassen möchte, so wird auch dieser durch ein entsprechendes Symbol dargestellt und mit einem Namen bezeichnet.

Ich suche mir ein fließendes Gewässer, an dessen Ufer ich mich niedersetze. Ich erzähle dem Holz meinen Schmerz, halte es lange über das Wasser. Ich sage ihm, dass mir die Trennung zwar wehtut, aber dass das Leben wie ein Fluss ist, der weiterfließt. Ich wünsche dem Holz eine gute Reise und sehe zu, wie es davon schwimmt.

Es ist nicht wichtig, ob die verwendete Farbe wasserfest ist, ob die aufgeklebten oder daran gebundenen Stücke lange haften bleiben. Das Holz findet seinen Weg. Ich habe losgelassen.

Die Trauer über einen Abschied wiegt oft zu schwer, um durch ein einziges Ritual verkraftet zu werden. Mir hilft es, wenn ich es wiederhole. Aber ich frage mich zuvor, welchen Teil des vermissten Menschen ich immer noch so fest in meinem Herzen trage, dass ich ihn nicht hergeben kann. Oder welcher Aspekt einer Arbeit, eines früheren Ziels mir so wichtig ist, dass ich nicht loslassen kann. In diesem Sinn gestalte ich ein neues Stück Holz so liebevoll wie das vorherige.

Das Holz-Ritual kann auch gegenteilig zu Bindungszwecken verwendet werden. Zum Beispiel, um den Wunsch auszudrücken, zu einem späteren Zeitpunkt an einen Ort erneut zurückzukehren.

Meine Familie hat dieses Ritual nach einem Urlaub gemacht. Jedes Mitglied meiner Familie hat sich mit (diesmal wasserfesten!) Farben auf Holz verewigt, das dann ins Wasser geworfen wurde. Da wir den Wunsch nach einer Rückkehr an diesen Ort nicht alle gleichermaßen stark empfanden, warf jeder sein eigenes Stück. Wir sind sehr gespannt auf den Ausgang …

Rituale sind individuell, weil sie Kreativität erfordern. Deshalb sind sie nicht nur variabel, sie können und sollen auch Spaß machen. Das Ritual am Ende des Urlaubs hat meinen Kindern erst deutlich gemacht, was ihnen an diesem Aufenthalt gefallen beziehungsweise missfallen hat. Es hob Unbewusstes auf die Ebene des Bewusstseins.

Je nachdem welcher Element-Typ Sie sind, können Sie Rituale beliebig variieren. Sie können ein entsprechend bearbeitetes Holz verbrennen oder begraben, einen Zettel mit Namen beschreiben und vom Wind davontragen lassen. Wichtig an diesem Vorgang ist vor allem, dass man etwas oder jemanden ganz bewusst loslässt oder – wenn eine Partnerschaft zerbricht – frei gibt. Nichts dauert ewig, darum sollte das Ende zelebriert werden, um sich bereitzumachen für einen neuen Anfang. Selbst, wenn der im jeweiligen Moment nicht zu erkennen ist. Der Anfang beginnt mit einem kleinen Schritt in eine neue Richtung.

Bewegung ist zur Bewältigung eines Abschieds, zur Verarbeitung von Trauer, meistens besser als stummes Verharren. Ajira, die mit ihrem Element der Luft für die Kraft der Veränderung bürgte, lehrte mich:

Die Geh-Atemübung

Versuchen Sie Gehen und Atmen im Freien zu koordinieren: einatmen – Schritt links, ausatmen – Schritt rechts.

Wenn Ihnen diese Übung leicht fiel, können Sie dabei noch zählen. Einatmen Eins – Schritt links, Ausatmen Eins – Schritt rechts, Einatmen Zwei – Schritt links, etc. Sie sollten bei dieser Übung nur noch im Rhythmus mit Ihrem Gehen und Atmen beschäftigt sein. Das beruhigt die Gedanken.

So wie die Leopardin nach überstandenen Kämpfen ihre Wunden leckt, bringen Krisen den Menschen zum Innehalten, zum Nachdenken. Kreativität ist für mich ein Weg den Tiefpunkt zu bewältigen. Noch wichtiger war mir der Kontakt zu anderen Betroffenen. Gleich, ob es sich um Probleme in der Familie, am Arbeitsplatz oder um Suchtprobleme handelt, jeder kann Hilfe finden, wenn er sich öffnet.

Geteiltes Leid

Ich suchte gezielt nach Menschen, die die gleiche Erkrankung hatten, und organisierte regelmäßige Treffen. Wie es so schön heißt: Geteiltes Leid ist halbes Leid. Weil man nicht mehr in seinem Elend allein ist, erfährt man, wie andere mit einer vergleichbaren Situation umgehen, woher sie Kraft bezogen, wer ihnen bislang beigestanden hat. Da alle die gleichen Erfahrungen gemacht haben, geht man verständnisvoller miteinander um.

Selbsthilfegruppen gibt es für alle, die Unterstützung suchen. Wer keine entsprechende Gruppe kennt – was oft der Fall ist –, kann sich an NAKOS wenden (Adresse im Anhang). NAKOS, die Nationale Kontakt- und Informationsstelle für Selbsthilfe informiert über bestehende Gruppen und hilft bei der Gründung neuer. Ein Leitspruch, den NAKOS verwendet, lautet: Erkläre mir und ich werde vergessen. Zeige mir und ich werde mich erinnern. Beteilige mich und ich werde verstehen.

Dieser Gedanke erinnerte mich an die Erkenntnis, die Kome mir mitgegeben hatte: »Unser Boot kippt um, wir schöpfen das Wasser heraus und setzten unsere Fahrt fort.« Die Krise ist das Umkippen des Bootes. Das Ausschöpfen stellt die Lehren dar, die ich aus meinem Unglück ziehe. Es ist der Wendepunkt.

Meistens ist es ein ganzes Bündel von Ereignissen, die im ungünstigsten Moment »das Boot kippen« ließen. Jetzt wäre ein objektiver Blick aufs eigene Leben nötig, um zu erkennen, wo der Auslöser der Krise liegt. Gerade in problematischen Situationen fehlt leider oft der sachlich argumentierende Ratgeber. So schleicht sich in diesem entscheidenden Moment ein Begriff ein, der alles noch viel schlimmer macht – die Frage nach der »Schuld«.

Schuldzuweisung ist jedoch bei jeder Art von Problembewältigung der falsche Ansatz. Der Schuldbegriff wirft auch die selbstzerstörerische Frage auf: Warum trifft es ausgerechnet mich? Ich habe das für mich als Sackgasse erkannt, indem ich diese Frage umgedreht habe: Warum sollte es NICHT mich treffen?

Nach langem Suchen fand ich Antworten beim roten Faden meines Lebens. Meine Krankheit glich einem seltenen Paradiesvogel, über den viel zu wenige Menschen etwas wussten. Meine Neugier, mein Interesse an Medizin, die Erlebnisse in frühester Kindheit, als meine Mutter erschrocken, den »aussichtslosen Fällen« beistand – das verband sich mit meiner steten Suche nach neuen Herausforderungen. Ich wurde zu einem »kreativen Patienten«.

Gesunde Menschen können eine Krise erst recht gestalterisch nutzen. Der Verlust des Arbeitsplatzes kann als Gewinn an Freiheit gesehen werden, wenn man sich auf die jedem Menschen innewohnenden Fähigkeiten besinnt. Das hilft, um etwas Eigenes auf die Beine zu stellen. Von heute auf morgen geht das nicht, aber mit anfänglicher Genügsamkeit, Flexibilität, Geduld und Hartnäckigkeit kann sich ein neuer Weg bahnen, wenn man an sein Ziel und an sich selbst glaubt.

Dann stellt sich nicht mehr die Frage nach einer »Schuld«, sondern vielmehr nach dem Sinn hinter einer Krise. Getreu Odames Motto, das sie der Einweihung voran gestellt hat: »Du sollst innerlich wachsen.«

Nach meiner Erkenntnis führt jede Krise ähnlich meinem Erlebnis in Ajiras Schwitzhütte zu einer Art von Neugeburt. Nicht jetzt, nicht morgen, aber vielleicht übermorgen verändert man sich. Man wird nicht besser, nicht schlechter, aber:

Anders als zuvor

Die Begegnung mit dem Bruder einer nigerianischen Freundin werde ich niemals vergessen. Yemi lebte und arbeitete als Hebamme in Lagos, stammte jedoch aus einem Dorf, in das sie mich mitnahm, um mich an ihrer Arbeit teilhaben zu lassen. In dem kleinen Ort führte Yemi mich zu einer Hütte. Die Sonne brannte vom wolkenlosen Himmel. Ohne ein Wort der Erklärung betraten wir das Lehmhaus, das eigentümlich still und verschlossen wirkte. In der Hütte konnte ich zuerst nichts sehen.

»Komm herein, mein Bruder will dich begrüßen«, forderte mich Yemi auf.

Langsam gewöhnten sich meine Augen an den abrupten Wechsel vom Hellen ins Dunkle. Ich erkannte einen jungen Mann, der bereits dicht vor mir stand. Wir plauderten zwanglos über eine Feier, die in einer der nächsten Nächte stattfinden sollte. Je länger wir redeten, desto deutlicher empfand ich, mit wem ich sprach. Yemis Bruder war ein Albino.

Meine Unbefangenheit wich einer schlagartigen Beklemmung. Schließlich spürte ich, dass ich mich nicht länger zurückhalten konnte, und fragte ihn, ob er denn immer nur in diesem dunklen Haus leben würde.

»Ich bin doch nicht krank«, erwiderte er. »Ich lebe nur anders. Ich bin tagsüber, wenn die Sonne scheint, im Haus. Sobald sie untergeht, verlasse ich es wieder.«

Ich wusste darauf keine Antwort. Ein solches Leben erschien mir unvorstellbar. Ich genoss die Sonne, zog aus der Helligkeit einen Teil meiner Lebensenergie.

»Wenigstens hast du ein schönes Zuhause«, sagte ich leicht dahin, ohne in seiner Haut stecken zu wollen.

»Du wirst dein Zuhause noch finden, *sister*«, erwiderte Yemis Bruder mit einem Lächeln, das ich kaum erahnen konnte.

Ich verabschiedete mich wohl etwas zu hastig und fühlte mich elend. Yemi sagte wenig später: »Du brauchst kein Mitleid mit ihm zu haben. Es geht ihm wirklich gut.«

Ärzte früherer Generationen hatten angenommen, dass meine Erkrankung durch intensive Sonneneinstrahlung therapiert werden kann. Heute weiß man, dass ausgerechnet UV-Strahlen für einen neuen Krankheitsschub sorgen.

Ich, die die Sonne so liebte, durfte mich ihr nur noch aussetzen, wenn ich meine Haut schützte. In Afrika scheint die Sonne oft – dennoch reise ich regelmäßig dorthin. Es geht alles, nur eben anders als zuvor ...

Im Leben durchschreiten wir verschiedene Stufen. Auf die Verspieltheit der Jugend folgt der schöpferisch aktive Teil der mittleren Jahre und mündet in die genießende Ruhe des Alters.

»Alles hat seine Zeit und findet im eigenen Rahmen statt«, sagte Urika zu mir. Die Feuer-Priesterin fand erst im dritten Abschnitt ihres Lebens zu ihrer Berufung, nach der Menopause. Der Wechsel von ihrer Existenz als Ehefrau zu jener einer spirituellen Lehrerin war für sie mit einem einschneidenden Abschied verbunden, der Trennung von ihrer Familie.

Urikas folgende Erzählung mag für europäische Verhältnisse verstörend wirken. Ich stelle sie vor, weil für mich *anders* nicht mit *schlechter* gleichzusetzen ist. Ohne Urikas Wissen, das sie sich erst nach ihrer Ehe aneignete, wären mir manche Einblicke nicht möglich gewesen.

Die Liebe einer Frau

Stell dir vor, du bist eine Afrikanerin. Jahrelang hast du als einzige Frau an der Seite deines Mannes gelebt und ihn umsorgt. Du hast gearbeitet und eure Kinder groß gezogen. Dein Leben war ohne spektakuläre Ereignisse, doch du warst zufrieden. Du hast alles akzeptiert, wie es gekommen ist. Von deinem Mann konntest du kein Entgegenkommen erwarten. Vom großen Glück hast du nie geträumt.

Jetzt bist du in einem Alter, in dem du keine Kinder mehr gebären kannst. Dein Mann verändert sich immer mehr. Er ist schnell ungehalten, wie er es früher nie war, und du verstehst nicht warum. Nach der Arbeit kommt er nicht nach Hause. Du wartest lange mit dem Essen auf ihn. Du liebst ihn, doch er behandelt dich schlecht. Er kränkt dich bewusst, beschimpft dich. Du sorgst dennoch für sein Wohl, so wie es immer war.

Eines Tages ruft er dich zu sich. Du ahnst, dass er etwas von dir will, was dir weh tun wird. Dann spricht er aus, was du schon lange befürchtet hast: Er will wieder heiraten. Du darfst seine erste Frau bleiben, doch er wird ein junges Mädchen nehmen, das eure Tochter sein könnte. Ihre Familie richtet bereits die Hochzeit aus. Deine Nebenbuhlerin wird in eurem compound *ein neues Haus bekommen.*

Du leidest, fühlst dich wertlos. Du wirst an seiner Seite verblühen. Er hingegen wird sich amüsieren und Kinder haben mit seiner jungen Frau. Er wird nicht mehr zu dir kommen. Du wirst nur noch für ihn da sein, aber er nicht für dich. Ja, du bist eifersüchtig auf die Neue. Schweigend fügst du dich in dein Los. Dein Fall ist nichts Besonderes. Du hast von Freundinnen gehört, denen es ebenso erging.

Auf seiner Hochzeitsfeier bist du nur eine von vielen Besucherinnen eines Festes, das deinen Mann an eine andere bindet. Du versuchst deine Gefühle zu verbergen. Du weißt, dass du zurücktreten musst, wenn dein Mann eine andere be-

*gehrt. Aber dein Herz spricht eine Sprache, die niemand dik-
tieren kann.*

*Du verbringst deine Tage und Nächte alleine, während der
Bauch deiner Rivalin schwillt. Sie wird ein Kind bekommen.
Sein Kind, dass du nicht mehr empfangen konntest, weil die
Jahre vorüber sind, in denen du Mutter sein durftest. Nun gilt
die Liebe deines Mannes der jungen Frau, während deine Ta-
ge endlos sind.*

*Am liebsten würdest du fortgehen. Ihn alleine lassen mit
seiner neuen Liebe. Alles, was dir etwas bedeutet, bindet dich
an dein Dorf. Deine Kinder leben hier, du besuchst deine Enkel
und sie kommen zu dir. Du wiegst sie im Arm und bist in ihrer
Nähe glücklich. Du hast an diesem Ort Wurzeln geschlagen.*

*Du bist keine alte Frau. Dein Mann, mit dem du gemein-
sam Höhen und Tiefen durchschritten hast, ist sogar älter als
du. Ihr beide seid Großeltern. Doch für ihn gilt nicht, was für
dich gilt. Die Jugend des Mädchens lässt ihn noch einmal jung
werden. Ohne an dich zu denken, hatte er dich zur Seite ge-
schoben. Du empfindest Bitterkeit und Verletzung.*

*Die Neue akzeptiert dich zwar als erste Frau eures Mannes.
Doch was bedeutet das schon? Du weißt, dass du zweite Wahl
bist. Als deine Rivalin entbunden hat, wendet er seinen Blick
wieder dir zu. Jetzt sollst du seine sexuellen Wünsche erfüllen,
da seine neue Frau stillt. In den Stunden eurer neuerlichen
Vereinigung zeigst du ihm noch einmal deine Liebe und Zuneigung. Und er bemerkt dich mit Erstaunen.*

*Nach Wochen ruft er dich zu sich. Er wedelt mit einem Bün-
del Geld. Dies soll deins werden. Wie die anderen Frauen deines Dorfes kannst du dir erst in den Wechseljahren ein neues
Leben schaffen. Dein Mann entzieht dir seine Liebe und gibt
dir Geld für ein neues Leben.*

*Ja, du wirst es wagen. Du wirst zur Händlerin werden, in
die Städte reisen, Waren einkaufen und sie auf den Märkten
feilbieten. Du bist frei, kannst alleine entscheiden.*

Deine Leidensfähigkeit hat dich siegen lassen. Am Anfang wirst du es vermeiden, deinen Mann, die junge Frau und ihr Kind zu sehen. Der Schmerz über eine Liebe, die vergangen ist, wird irgendwann nachlassen. Du hast dich selbst und wirst sein, was du früher warst – stark.

Umgekehrte Verhältnisse

Immer öfter musste ich an Ajiras Satz vom Geist denken, der dem Körper vorauseilt. Diese mir in jungen Jahren völlig fremde Fortbewegungsart hatte ich mir ganz automatisch zu Eigen gemacht. Meine Erkrankung zwang mich zu ungekannter Langsamkeit. Ich hatte keine andere Wahl.

Die Verhältnisse hatten sich umgekehrt: Oft war ich froh, wenn mein Körper mit meinem Geist Schritt zu halten vermochte. Die Tage waren ausgefüllt mit Terminen; ließ ich abends die Ereignisse Revue passieren, stellte ich fest, dass ich den Großteil mit Warten verbracht hatte.

Während ich in diversen Wartezimmern saß, hörte ich aus den Gesprächen heraus, dass die meisten Patienten wegen einer Krisensituation neben mir saßen. Wegen einer Krankheit waren sie zwar zum Arzt gekommen. Doch für einige war der Auslöser Stress durch Arbeitslosigkeit gewesen. Über den Umweg der geschwächten Psyche hatte sich die Erkrankung ihres Körpers bemächtigen können.

Das mühselig zusammengetragene Wissen über meinen Verfolger, den Wolf, hatte ich in meinen Patientenratgeber gelegt. Das gesetzte Ziel war erreicht und ich war zufrieden mit meiner Leistung. Eine Bitte des Verlages schien meine Arbeit logisch abzurunden: Ich sollte einen Facharzt finden, der mein Manuskript las, um anschließend das Vorwort zu schreiben.

Was einfach anmutete, geriet zu einem kaum zu bewältigenden Hindernislauf. Keiner meiner bisherigen Verbündeten und Mentoren kam infrage. Die einen waren zu beschäftigt. Andere waren keine Experten auf dem Gebiet der Rheumatologie. Ohne ärztlichen Partner sollte der Ratgeber plötzlich nicht mehr veröffentlicht werden. Meine Verzweiflung wuchs.

Ich hatte etwas Wichtiges mitzuteilen und fand nicht den richtigen Weg. Menschen aus Selbsthilfegruppen, deren Krankengeschichte ich aufgeschrieben hatte, warteten ungeduldig auf das Erscheinen des Buchs. Ich schien gegen Windmühlenflügel zu kämpfen. In keinem meiner früheren Berufe war mir so etwas widerfahren. Warum ausgerechnet jetzt, wo ich meiner Aufgabe eine so große Bedeutung zumaß?

Ich litt geistig und körperlich. Wieder lag ich lange wach, quälte mich nicht nur mit meinen Schmerzen, sondern mit der Frage, wo ich einen Facharzt auftreiben konnte, der für das Erscheinen des Buchs unabdingbar zu sein schien.

Was tust du denn da?, meldete sich die Stimme meiner Traum-Verbündeten.

Nachdenken, gab ich einsilbig zurück.

Das heißt, du arbeitest anstatt zu schlafen.

Unwillig, einen Spiegel vorgehalten zu bekommen, entgegnete ich barsch: Du bist ein wildes Tier, vom Ratgeber-Schreiben wirst du wohl kaum etwas verstehen.

Zur Antwort riss meine Traum-Verbündete ihr Zahn bewehrtes Maul auf.

Betont gelassen fragte ich: Was *flehnst* du mich so an?

Mein Wissen über Leoparden beeindruckte sie nicht.

Sie kannte nicht einmal den vom Menschen erfundenen Fachausdruck für ihr instinktives Abwehr-Verhalten.

Mein lieber Mensch, du tust so, als ob du über mich mehr weißt als ich selbst. Machst du das mit deinem Buch auch so?

Wie meinst du das? Was ich aufgeschrieben habe, ist wichtig für tausende von Menschen!

Meine Traum-Verbündete sprang vom Baum und schickte sich an fortzugehen. Ich hatte sie verärgert. Aus Büchern über sie und ihre Artgenossen wusste ich, dass Leoparden einem Kampf aus dem Weg gehen. Sie ziehen sich zurück, sobald sie merken, dass eine Auseinandersetzung bevorsteht.

Ich erschrak. Schätzte sie die Situation so ein? Wirkte ich auf sie wie ein Besserwisser, den sie lieber mied?

Bleib hier, rief ich, ich kann dir nicht nachlaufen!

Sie hielt inne und blickte mich abschätzig an: Was willst du noch von mir? Du weißt doch schon alles.

Ich war dumm, sagte ich zerknirscht.

Was hast du gesagt?

Es tut mir Leid! Du bist meine wahre Verbündete. Ich wollte dich nicht vergraulen. Bleib bei mir.

Sie kehrte langsam zurück. Jeder Schritt betonte das Spiel ihrer Muskeln. Sie zeigte, dass sie mir ebenbürtig war, und sprang auf ihr Dornenkissen.

Erzählst du mir noch eine Geschichte aus deinem Leben?, bat ich.

Es soll die letzte sein. Denn ich weiß, welche meiner Stärken du in dir noch nicht entdeckt hast.

Welche?, fragte ich kleinlaut.

In der Stimme der Leopardin schwang Nachsicht: eine, die dir fremd zu sein scheint, mein lieber Mensch.

Der heimliche Feind

Atme tief ein und aus. Entspann dich, vergiss deine menschlichen Sorgen. Vergiss, wer du bist, und stell dir vor: Du bist ich – eine afrikanische Leopardin.

Die Regenzeit ist vorüber, das Gras grün und saftig. Der Baum, in dessen breiter Gabelung du dich bequem eingerichtet hast, trägt frisches Laub. Gruppen von Gazellen und Antilopen ziehen vorbei, eine riesige Herde von Gnus eilt über das Land. Die spitzen Schultern der dicht gedrängt über die weiten Hügel rennenden Tiere wogen dahin wie die Wellen des Meeres. Du genießt den friedlichen Anblick. Die Natur verwöhnt reichlich mit Nahrung. Die Löwen holen sich, was sie brauchen. Die Hyänen finden so viel, dass sie dich in Ruhe lassen.

Du bist satt und zufrieden. Der Weg zur nächsten Wasserstelle ist nicht weit. Du kauerst dich an dem zu einem See angeschwollenen Tümpel und stillst deinen Durst. Das Wasser ist frisch und rinnt wohlig durch deine Kehle. Während du trinkst, siehst du einen zarten Springbock. Er beachtet dich nicht; es ist Tag und er hat vor dir keine Angst.

Obwohl du keinen Hunger hast, schleichst du dich an ihn heran, im hohen Gras ein Kinderspiel. Nach einem kraftvollen Spurt packst du ihn. Sein Fleisch ist köstlich, aber du nimmst nur die besten Stücke. Den Rest schenkst du den wartenden Geiern. Achtlos überlässt du den Neidern, was du sonst verteidigst.

Du streifst durch dein Revier, setzt deine Duftmarken. Das gleicht einem Spiel, denn du wähnst dich allein. Du ziehst deine Krallen durch die Rinde eines Baums. So sieht jeder, dass du hier zu Hause bist. Egal, ob es ihn interessiert. Demonstrativ zeigst du deine Stärke, erhebst auf dieses Gebiet Anspruch.

Majestätisch wanderst du umher, blickst den Affen nach, die in den Bäumen herumtollen. Einen von ihnen zu fangen würde beweisen, dass du über so viel Geschick verfügst, *schwierigste Leistungen zu vollbringen. Mit einem mächtigen Satz bist du im Baum. Die Affen kreischen und springen in Aufruhr davon.*

Du wagst dich immer weiter nach oben, einem kleinen Affen dicht auf den Fersen. Gleich kannst du ihn packen. Für einen winzigen Augenblick spürst du, dass der Ast, auf dem du balancierst, schmal und nachgiebig ist. Er schwankt. Dennoch wagst du dich vorwärts, treibst den Affen in ausweglose Enge.

Du bist eine raffinierte Jägerin, Herrscherin der Savanne.

Ein durchdringender Schrei lässt dich herumfahren. Ein älterer Affe geht wütend auf dich los. Er zieht furchterregende Grimassen, um dich zu vertreiben. Der Angreifer, der deiner sicheren Beute zu Hilfe kommt, ist schwächer als du. Deine Kraft schützt dich dennoch nicht. Denn der Ast, auf dem du stehst, gibt dir nicht genügend Halt. Du erkennst deinen Fehler, hast aber keine Gelegenheit ihn zu korrigieren.

Obwohl der Boden viel zu weit entfernt ist, bleibt nur ein Ausweg: Spring! Konzentriere dich, federe das Gewicht deines Körpers ab!

Du landest unten. Alles sieht merkwürdig verändert aus. Du bist falsch aufgesprungen, hast dich beim Aufprall überschlagen. Dein Rücken schmerzt, eines deiner Vorderbeine ist verletzt. Du schüttelst dich, leckst deine Wunden.

Der Lärm der Affen im Baum klingt wie Hohngelächter. Du hast verloren. Obwohl dich keiner der Affen berührt hat.

Langsam schleppst du dich zurück zu der breiten Astgabel. Sie ist nicht sehr hoch; trotz Schmerzen kannst du sie erklimmen. Du verhältst dich einige Tage lang ruhig, schläfst viel und pflegst deine Verletzungen.

Als sich der Hunger meldet, steigst du vom Baum, erprobst deine Belastbarkeit. Du beschließt keine anstrengende Jagd zu versuchen, sondern streifst gemächlich durchs Revier.

Ohne Vorwarnung steigt dir ein scharfer Geruch in die

Nase. *Du gehst ihm nach, ahnst aber bereits, was dieser Gestank bedeutet. An einem Baum entdeckst du frische Kratzspuren. Sie stammen nicht von dir. Sofort setzt du deine Reviermarkierung dagegen und machst dich auf die Suche nach dem Rivalen, der dir dein Gebiet streitig macht.*

Schon wenige Augenblicke später steht ihr euch gegenüber. Ihr seid euch schon einmal begegnet. Sie war die stärkere. Du bist ihr hierher ausgewichen. Sie hat dein altes Revier verlassen und ist dir gefolgt.

Noch bevor sie angreift, flüchtest du. Es gelingt dir deine Rivalin abzuhängen. Nach einer weiten Strecke, die du in hohem Tempo zurückgelegt hast, machst du erschöpft kurz Rast. Deine Kondition ist schlecht nach den Wochen der mühelosen Jagd und der anschließenden Zwangspause. Die Rivalin wird dich in wenigen Augenblicken aufgestöbert haben. Du schleichst dich auf Zehenspitzen aus deinem Revier.

Die Rückkehr der Rivalin ärgert dich. Wieso hast du sie nicht früher bemerkt? Missmutig erinnerst du dich an den Übermut, mit dem du dem kleinen Affen nachstelltest. Nicht die andere Leopardin ist deine Gegnerin. Du selbst warst dein eigener Feind. Hättest du nicht die Zwangspause gebraucht, so wären deine Chancen besser gewesen. Als sie kam, war sie hungrig und schwach. Du warst stark, aber du warst nicht bescheiden.

*»Wenn der Adler kreist,
sieht der Himmel auf seinen Rücken herab.«*

Die siebte Stärke der Leopardin:
Bescheidenheit

Zu Beginn meines Aufenthalts in Nigeria hatte mein Exmann John die Hoffnung, unsere Ehe wiederbeleben zu können. Er besprach sich mit seinen Verwandten. Sie empfahlen ihm, gemeinsam mit mir einen *babalawo* aufzusuchen. Der würde neuen Schwung in eine Ehe bringen, deren Haltbarkeitsdatum meiner Meinung nach verfallen war. Da ich nie zuvor bei einem traditionellen Medizinmann gewesen war, ging ich aus Neugier mit.

Nach langem Marsch in sengender Hitze erreichten wir ein Dorf. John sagte mir, ich müsse vor dem *babalawo* niederknien. Ich nahm das schweigend zur Kenntnis. John überreichte der Frau des Medizinmannes unsere Mitbringsel – Alkohol und sehr viel Geld. Währenddessen blickte ich mich in dem kleinen *compound* um, entdeckte mit verkrustetem Blut bedeckte Opferschalen, Tierschädel und leere Schnapsflaschen. Endlich wurden wir ins Haus des *babalawo* gebeten. Ich traf einen Mann in Tierfellen, der meinen Erwartungen wegen seines zur Schau gestellten Stolzes und seiner Jugend nicht entsprach.

Niederknien? Vor diesem Mann? Ihn verehren auf eine Weise, wie ich es zuletzt in der katholischen Kirche getan hatte? Aus Höflichkeit kam ich Johns Wunsch nach. Das folgende Ritual zur Rettung unserer Ehe war sehr interessant; es blieb wirkungslos.

Knapp drei Jahre später wollte ich Victors Frau werden und ließ mich deshalb in den Tempel der Wassergöttin Mammy Water führen. Dort erwartete mich in einem liebevoll gestalteten Saal eine zierliche alte Frau, kaum bekleidet, den Kopf kahl rasiert. Odames Haltung drückte so viel Demut ihrer Aufgabe gegenüber aus, dass ich das Beispiel meiner Begleiterinnen nicht gebraucht hätte: Ich kniete nieder und berührte mit der Stirn den Staub zu ihren Füßen.

Beide Male hatte ich mich bescheiden gezeigt. Der Besuch beim *babalawo* stand am Anfang meiner Nigeria-Zeit, jener bei Odame am Ende. Den Medizinmann hatte ich aus Neugier getroffen, Odame aus dem Bedürfnis, ein Teil von Victors Leben zu werden. Der *babalawo* wirkte durch das vorausgehende profane Bezahlen bereits »entweiht« und verstärkte das noch durch seinen dominanten Auftritt. Sein Hilfsversprechen glich einem Geschäft. Odame verlangte keine Demut. Ihre ganze Erscheinung weckte von selbst die Bereitschaft dazu.

Wozu meine Traum-Verbündete mir riet – die Bescheidenheit –, konnte ich nicht herbeirufen, als die Leopardin mich dazu ermahnte. Ich musste sie entdecken. Das konnte mir nur gelingen, indem ich mir den ganzen Weg bis zu diesem Punkt in Erinnerung rief. Meine Bescheidenheit musste aus der Erkenntnis reifen, dass ich mich für wichtiger hielt, als ich war.

Ich hatte mich in meinem Leid verrannt und sah in meinem Unglück den Mittelpunkt der Welt. Doch die Welt interessierte sich nicht für meine Probleme. Weil ich mich nicht wirklich für die Welt interessierte. Mein Ratgeber, mit dem ich gewiss anderen helfen könnte, in Ehren – aber diente seine Publikation nicht auch meinem Ego?

Odame hatte so unscheinbar am Wasser gesessen, dass ich sie zunächst beinahe nicht wahrgenommen hatte. Ich hatte einfach drauflos geredet. Sie hatte zugehört. Nicht ein einziges Wort hatte ihre Meinung enthüllt. Stattdessen hatte sie Fragen gestellt, die ich mir ohne ihre direkte Hilfe beantworten musste.

In Afrika sagt man: Die, die wissen, reden nicht. Das scheint nahe zu legen, dass der Weise derart in sich ruht, dass er die reale Welt aussperrt. Doch Odame zog sich nicht entsagungsvoll auf einen imaginären Berg zurück, sondern blieb bei ihren Schülerinnen. Sie beteiligte sich altersbedingt nur noch gelegentlich an den Lektionen, hatte im Übrigen ihre Priesterinnen, die Odames Wissen geduldig den Initiandinnen vermittelten. Frauen, die durchaus nicht frei waren von menschlichem Empfinden. Hatten sie auch bereits Weisheit erlangt?

Als ich 14 Jahre nach meiner Einweihung zurückkehrte, fragte ich Odames Nachfolgerin Kome, ob ich über meine Erlebnisse anderen gegenüber berichten dürfte.

So wie auch ihre Mentorin niemals direkt ausgesprochen hatte, was ich zu tun hatte, antwortete Kome: »Wissen ist wie Wasser, das von einer Frau an die andere weitergereicht wird. Achte darauf, dass du es nicht verschüttest. Denn es ist sehr kostbar.«

Das Wasser *weiterreichen* – was für ein schlichtes Bild. Um ihm zu entsprechen, brauchte es keine Weisheit. Ganz im Gegenteil: Die ausschließliche Suche danach grenzt von anderen ab, macht einsam. Kome sah in ihrem Wissen einen Brunnen, aus dem sich jede bedienen durfte.

»Nichts steht für sich, alles befindet sich in Beziehung zu anderem«, hatte Ajira gesagt, als ich mich während des Ketten-Rituals bemüht hatte, die schwarzen Samenkörner aufzufädeln, die durch meinen Körper gewandert waren. Jetzt war es eine Krankheit, die mein Körper entwickelt, meine Seele mit Hilfe der Erfahrungen der Priesterinnen bewältigt und die mein Geist dank des Beistands der Leopardin verarbeitet hatte.

Es ging nicht um die Suche nach Weisheit. Sondern es ist wie bei einem Brunnen: In ihm sammelt sich Regen, den die zuführenden Wasseradern vereinigen. Nun musste ich nur noch »weiterreichen« – hinter meinem Ego zurückstehen. Es zählte einzig die Aufgabe, zu der mich der rote Faden meines Lebens geführt hatte. Ich war die Dienerin einer Sache geworden. Dienen ist die Arbeit der Bescheidenheit und Demut.

Ich überarbeitete meinen Ratgeber über den Umgang mit Lupus vollständig. Nun war kein Vorwort eines Facharztes notwendig. Der Wolf war kein Verfolger, sondern ebenso ein Teil von mir wie die Schmerzen, die er verursacht. Monate später hielt ich das erste Exemplar in Händen. Mein Name stand klein auf dem Umschlag, jener der Krankheit um ein Vielfaches größer.

Das Buch in meinen Händen verdeutlichte, was ich in den vergangenen Jahren gelernt hatte: Die Krankheit und ich, wir bildeten eine Einheit. Aber keine, bei der ich mich aufgeben musste, sondern für die ich einen Schritt zurückzutreten hatte. Mit dem Verfassen meines Ratgebers hatte ich die Narbe, die ich trug, ebenso angenommen wie mein Krafttier, die Leopardin, ihre Verletzung.

Meine Krankheit hatte mich sensibilisiert für das Leid anderer Menschen. Ich hörte bewusster zu, wenn jemand von jahrelanger Arbeitslosigkeit sprach. In einem Abschnitt meines früheren Lebens hatte ich als Personalchefin auf der anderen Seite des Tisches gesessen: Menschen waren zu mir gekommen und hatten um Arbeit gebeten. Oftmals hatte ich den Lebensgeschichten nur mit halbem Ohr zugehört, mich gelegentlich gefragt, warum meinem Gegenüber die Kraft fehlte, sich zu einem Neuanfang aufzuraffen.

Jetzt wusste ich es besser: Ich hatte meine Besucher nach ihrer momentanen Verfassung beurteilt. Durch diese vereinfachte, von den Bedingungen meines Jobs diktierte Sichtweise war jeder Mensch zum »Fall« geworden, ein in einer Akte dokumentierter Vorgang. Kein Schicksal, das mich wirklich zu interessieren brauchte.

Mein früheres selbstgerechtes Verhalten beschämte mich. Es ließ außer Acht, dass jeder Zeit braucht, um sich nach einem inneren Chaos zusammmenzusetzen. Allein kann das niemand schaffen. Mir war das auch nicht gelungen. Ich hatte dazu Verbündete und Mentoren gebraucht. Sie waren diejenigen, denen ich vor allem zu danken hatte für meinen Neubeginn. Doch wie sollte ich gegenüber diesen Personen meine Anerkennung zum Ausdruck bringen? Indem ich ihnen den Ratgeber schickte? Ihre Bibliotheken quollen über vor Fachliteratur. Ich tat es dennoch, weil es sich gehört.

Mir erschien eine solche Geste zu dürftig, um als Zeichen wahrer Dankbarkeit zu gelten. Meine Dankbarkeit musste größer sein. Ich wollte sichtbar machen, dass ich einen Weg gefunden hatte, meine Verletzung anzunehmen. Da kam meine jüngste Tochter zu mir und bat mich, mit ihr zu spielen. Mein Kopf war voller ernster Gedanken; also schützte ich Arbeit vor.

Das Kind beharrte darauf, ihm Aufmerksamkeit zu schenken. »Ich habe alles schon vorbereitet. Komm, Mama.«

Meine Tochter nahm mich bei der Hand und zog mich mit sich. Auf dem Boden ihres Zimmers hatte sie sorgfältig die Karten eines Memory-Spiels ausgebreitet. Es war ein Tag, an dem meine Muskeln schmerzten. Ließ ich mich nieder, so hätte ich mit dem Aufstehen große Probleme. Ich sah in den bittenden Augen des Kindes, wie sehr eine Zurückweisung verletzte.

»Können wir nicht am Tisch spielen?«

»Mama, ich habe extra alles aufgebaut!«

»Mir fällt es so schwer, hinterher wieder aufzustehen.«

»Ich helfe dir wieder hoch«, entgegnete mein Töchterchen.

Ich setzte mich zu ihr. Mein Spiel war unkonzentriert; bald stapelten sich die Kärtchen auf ihrer Seite. Dann erwischte ich plötzlich nacheinander eine ganze Reihe passender Paare. Jetzt wurde ich aufmerksamer und erkannte im Gesicht meiner Tochter glückliche Zufriedenheit.

Wortlos ließ sie mich gewinnen.

Kann es einen schöneren Weg geben, Dankbarkeit zu zeigen, als im Moment des eigenen Siegs einen Menschen zu stärken, der schwach ist? Bescheidenheit so zu verstehen, dass Belohnung für eine eigene Leistung weniger bedeutsam ist als der Wunsch einem Schwächeren »beim Aufstehen« zu helfen? Meine Tochter wurde dafür belohnt. Ich widmete meine Aufmerksamkeit voll und ganz dem Spiel und damit ihr. Als es zu Ende war, breiteten wir die Karten erneut aus. Ich vergaß, dass ich am Boden saß.

Uns Erwachsenen fällt es nicht immer leicht, Dankbarkeit zu zeigen. Wir fürchten, etwas von uns preiszugeben. Nehmen unter Umständen sogar an, dass ein anderer uns für schwach hält, wenn wir offen zugeben: Ich habe mein Problem nur mit deiner Hilfe bewältigt.

Meine Tochter hatte gespürt, dass ich während des Memory-Spiels nur körperlich anwesend war. Sie hatte auf den greifbaren Erfolg verzichtet und ihn mir zum Geschenk gemacht. So hatte sie unbewusst ihren Dank darüber gezeigt, dass ich meine Autorität als Erwachsene nicht missbraucht hatte, um mich dem Spiel mit ihr zu entziehen.

In der Welt der Erwachsenen drückt sich Dankbarkeit hauptsächlich durch Geschenke aus. Jeder dürfte die Qual kennen, das richtige Präsent zu finden. Das Erlebnis mit meiner Jüngsten erinnerte mich an eine Erfahrung während der Initiation.

Afuma, eine ältere Frau, die sich zur Priesterin ausbilden ließ, hatte mir während eines Rituals geholfen. Ich wollte ihr danken, kannte Afuma aber zu wenig. Gegenstände besaß ich keine, die ich hätte hergeben können.

Ich begann, die anderen Bewohnerinnen des *compound* aufmerksamer in ihrem täglichen Miteinander zu beobachten. Sie schenkten sich gelegentlich bemalte Steine, Perlen oder Muscheln. Über Afuma brachte ich in Erfahrung, dass sie seltene Vogelfedern sammelte. Im ersten Augenblick erschien es mir lächerlich, jemandem eine Feder zu schenken, während ich eine Schnitzarbeit erhalten hatte. Doch ich wusste mir keinen anderen Rat und hielt in den nächsten Tagen nach ungewöhnlichen Federn Ausschau. Schließlich hatte ich das Glück, eine zu finden, die ich Afuma brachte.

Noch immer waren meine Bedenken wegen der Schlichtheit des Dargebotenen nicht ausgeräumt. Die Beschenkte freute sich offenkundig. Sie fügte die Feder Gegenständen zu, die sie für ein Orakel zu nutzen gedachte. Somit war das vermeintlich unbedeutende Präsent aufgewertet zu etwas ganz Besonderem.

Was ist das richtige Geschenk?

Sollte es nicht etwas sein, das für beide Seiten wichtig ist? Wie die Feder, nach der ich tagelang gesucht hatte? Materiell war sie wertlos, ideell unbezahlbar. Wie die Kette, deren Kerne ich erst essen, dann von mir geben, unter Ajiras Anleitung auffädeln und im Fluss verlieren musste. Um sie an Victors Hals wieder zu entdecken.

Wahrscheinlich ist das richtige Geschenk nur mit Langsamkeit zu finden. Denn Muße schafft auch bleibende Werte des Danks. Aufmerksamkeiten, die der Strom der Zeit nicht fortspült. Wie zum Beispiel ein liebevoll geschriebener und verzierter Brief. Wer wirft einen alten Liebesbrief fort? Was dagegen geschieht mit der Handy-SMS »Ich liebe dich«? Irgendwann ist der Speicher voll – und die Nachricht für immer verschwunden ... Oder die schnell an der Tankstelle erstandenen Schnittblumen: Nach nur wenigen Tagen landen sie welk auf dem Müll. Der liebevoll gezogene Ableger einer eigenen Pflanze trifft eher auf Gegenliebe! Das Pflänzchen wächst wie unsere Beziehung, sagt diese Botschaft im günstigsten Fall. Solch eine Geste der Zartheit erfordert gelegentlich mehr Mut, doch sie bleibt.

Ein Geschenk, das nicht nur als kleine Aufmerksamkeit gedacht ist, sondern tief empfundene Dankbarkeit ausdrückt, versinnbildlicht die Beziehung zweier Menschen. Im Idealfall symbolisiert es eine oder mehrere Gemeinsamkeiten.

Hier ein paar Beispiele: In Kerzensand werden Glücksmünzen oder Steine gelegt. Ein Duftöl, persönlich hergestellt aus langsam gereiften Essenzen, die die andere Person liebt. Ein bemalter, ungewöhnlicher Ast. Eine Seidenmalerei, die – auch bewusst naiv – eine Begebenheit darstellt, an die beide gern denken. Ein Tagebuch, in dem die gemeinsamen Stationen eines abgelaufenen Jahres festgehalten wurden. Ein Fotoalbum von einer Reise. Oder einfach nur, wie in Afumas Fall, eine schöne Feder, die man beim Spaziergang gefunden hat, auf einen Brief klebt und spontan verschickt. Selbst, wenn der oder die Betreffende nur ein paar Straßen weiter wohnt ...

Unter Umständen ist es hilfreich, wenn ich mich nach dem Elementtyp des zu beschenkenden Menschen richte.

In Westafrika wurde ich mit schwarzer Magie konfrontiert. »Wenn du Schlechtes aussendest, kommt Schlechtes zu dir zurück«, heißt es dort. Die Umkehrung trifft ebenso zu! Wer Gutes tut, dem widerfährt Gutes:

Geben und nehmen

Der Nachbar, der die Päckchen in meiner Abwesenheit entgegennimmt, findet einen kleinen Blumengruß vor der Tür. Einer Verwandten schicken wir ohne Anlass ein Foto von den Kindern, ein von ihnen gemaltes Bild oder einen Bastelkalender.

Einem anderen Menschen die Tür aufzuhalten, kann heute einen unerwarteten Luxus bedeuten. Jeder möchte doch wenigstens wahrgenommen, als Mensch erkannt und respektiert werden. Wenn ich einen unerwarteten Anrufer unwirsch abgebürstet habe, ärgere ich mich hinterher. Dabei wollte er doch nur gehört werden und wurde unnötig enttäuscht. Hätte ich mir die paar Minuten Zeit genommen, so würde diese Person am Abend einen positiven Gedanken für mich haben.

Dankbarkeit erscheint mir wie das Wasser des Wissens zu sein, das von einer Hand in die nächste weitergereicht wird. Oftmals reißt diese Kette nur aus Gedankenlosigkeit. Oder weil ich zu stolz bin, mich zu der Person hinter mir umzudrehen und aufrichtig zu sagen: vielen Dank.

Mein eigenes Leben hat mir leider gezeigt, dass

Dank nicht warten kann. Die als Selbstverständlichkeit unterstellte Kontinuität bricht mitunter unvermittelt ab. Ein Mensch, dem man danken wollte, wird durch einen Unfall aus dem Leben gerissen oder erleidet eine schwere Krankheit. Aus nicht entrichteter Dankbarkeit erwächst dann das Gefühl einer uneinlösbaren Schuld. Die Waage des inneren Gleichgewichts gerät in der Folge in eine gelegentlich irreparable Schieflage.

Der richtige Zeitpunkt, eine angemessene Portion Bescheidenheit und etwas Muße lassen aus der Dankbarkeit ein nicht zu unterschätzendes Glücksgefühl erwachsen.

Meine Jüngste liebt es, vor dem Schlafengehen eine Gutenachtgeschichte vorgelesen zu bekommen. Anschließend ermuntere ich sie dazu, mir von ihrem Tag zu erzählen. Mein Kommentar ist dabei weniger wichtig, als dass das Kind negative Erlebnisse loslassen kann, damit sie nicht seine Träume belasten. Unser ganz persönliches Ritual schenkt uns beiden Zufriedenheit.

Meine Zeit als Initiandin war eine Aneinanderreihung von kleinen und großen Ritualen. Das nahm ich eigentlich unbewusst zur Kenntnis. Der wahre Zweck eines Rituals ist jedoch, dass man sich etwas bewusst macht, das sonst im Morast der Alltäglichkeit versinkt. So wie mein Kind durch Erzählen den Staub des vergangenen Tages abschüttelt, kann ich es auch. Ich habe dazu eine Zeremonie gefunden. Ich nenne sie:

Mein Glücksritual

Sorgen lassen sich mit dem Schlafengehen nicht wie eine Nachttischlampe ausknipsen. Um zu vermeiden, dass ich trotz Erschöpfung kein Auge schließen kann, stelle ich mir die Frage, was gut war am abgelaufenen Tag.

In meinem abendlichen Glücksritual rufe ich die Gesichter von Menschen auf, die ich habe lachen sehen. Wer hat mich glücklich gemacht? Mit welchen Kleinigkeiten war jemand aus meinem Umfeld zufrieden? Mit wem habe ich ein angenehmes Gespräch geführt? Habe ich etwas Gutes gegessen? Hat mich eine Kleinigkeit in der Natur erfreut?

Oft sind es Momentaufnahmen, die in der Hektik vergessen werden: zwei spielende Eichhörnchen, ein seltener Eichelhäher im Baum. Unsere Wahrnehmung sucht das Glück viel zu oft in großen Ereignissen. Das stille Glücksritual vor dem Einschlafen verschiebt die drückenden Gewichte hin zu den scheinbaren Belanglosigkeiten und bringt die innere Waage wieder ins Lot. Jeder Tag ist einzigartig, kehrt in dieser Form niemals zurück. Ich muss es mir nur bewusst machen.

Meine Gedanken suchten Odame. Ich fand sie nicht an ihrem Platz am breiten Strom, hörte jedoch ihre leise Stimme: »Ich lebe in dir weiter. Das Wasser, das du von mir erhalten hast, fiel auf das Samenkorn deiner Bestimmung. Sorge dafür, dass es wächst, Tochter von Mammy Water.«

»Die Leopardin hat mir gezeigt, welches ihre Stärken sind. Aber auch, wie leicht ich Fehler machen kann«, sagte ich.

Bevor ich ihre Stimme nicht mehr vernehmen konnte, ermahnte mich Odame: »Es ist alles in dir!«

Und ich stellte mir vor, ich wäre so wie Odame eine alte Frau:

Mein 75. Geburtstag

Heute ist ein ganz besonderer Tag. Ich werde 75 Jahre alt. Fünf Besucher, die mir in meinem gegenwärtigen Leben etwas bedeuten, halten eine kleine Ansprache zu meinen Ehren. Sie sprechen über mein Leben, was ich erreicht habe, über meine positiven Eigenschaften, wie sie mich sehen und was sie an mir besonders schätzen.

Wer sollen diese fünf Personen sein? Was können sie über mein Leben sagen? Was macht mich zufrieden? Was sollen sie von mir denken?

Sprechen sie über meine Herzenswärme? Meine Hilfsbereitschaft? Werden meine Leistungen im Beruf besonders gewürdigt? Habe ich mich als ein treuer, verlässlicher, verständnisvoller Mensch erwiesen?

Nun stelle ich mir vor, die Gäste sind gegangen. Ich bin allein, schalte einen altmodischen Filmprojektor ein und sehe mich in verwackelten

Bildern – als Kind, Jugendliche, junge Erwachsene. Jeder dieser Stationen gebe ich viel Zeit. Ich beschwöre Situationen herauf, die mir etwas bedeuten.

Gefällt mir, was ich sehe? Oder beunruhigt es mich?

Nun schalte ich den Projektor meiner Erinnerung aus. Mein Rückblick hat mich an die Ziele der jungen Menschen erinnert, die ich verkörpert habe.

Ich bin noch keine 75 Jahre alt; ich frage mich jetzt, was ich anders machen kann, was ich beibehalten will, welche Stärken ich betonen, welche Schwächen ich ablegen will. Dazu bin ich nicht zu alt. Ich brauche nur etwas Geduld mit mir. Wenn ich mich mit meinem Schicksal versöhne, finde ich die Wurzeln meines Lebens.

Als ich Nigeria verließ, hatte ich nicht einmal ein Foto von Victor. In einem mir heute lächerlich erscheinenden Anfall von Verfolgungswahn vor den schwarzmagischen Umtrieben eines Widersachers hatte ich alle verbrannt. Dieser wahrscheinlich eher unbewusste, sehr radikale Abschied machte es mir leichter, mich von meinen Erinnerungen an Afrika zu lösen. Ich fand zu meinen Wurzeln zurück, kehrte heim.

Dass ich beabsichtigt hatte, einen afrikanischen Prinzen zu heiraten, meinen eigenen Tod erlebt hatte, einer Leopardin im Urwald begegnet war, mich mit schwarzer Magie auseinander gesetzt hatte – das zählte nicht.

Ich wäre mir auch dumm vorgekommen, meiner Mutter in der Küche gegenüberzusitzen, ihr beim Kartoffelschälen zu helfen und ihr von Odame zu berichten. Obwohl das alles auf komplizierte Weise auch mit ihr zusammenhing. Ich lauschte statt dessen ihren Geschichten vom Streit mit einem Nachbarn.

Stück für Stück legte ich meine afrikanische Kleidung ab, die aus den bunten Bildern meiner Erinnerung bestand. Es geschah dasselbe wie in Odames Tempel. Ich entkleidete mich, wurde nackt. Meiner Mutter saß niemand anderes gegenüber als die Tochter meiner Eltern.

Mama spürte meinen intensiven Blick. Sie sah hoch, lächelte etwas unsicher und fragte: »Geht es dir gut, Kind?«

»Ja, Mama, es geht mir gut.«

»Kannst du mir nachher im Garten helfen?«

»Natürlich. Ich bin da.«

Später standen wir Seite an Seite in ihren Beeten und jäteten Unkraut.

Ich erinnerte mich an eine Geschichte, die mir meine Freundin Yemi, die Hebamme aus Lagos, vor langer Zeit erzählt hatte.

Die Heimkehr

Stell dir vor, du lebst in einer großen Stadt in Afrika. Du bist eine reife Frau, seit Jahrzehnten glücklich verheiratet, hast erwachsene Kinder und Enkelkinder. Dein Haus ist groß, du hast Bedienstete und kannst dir alle Annehmlichkeiten leisten. Du genießt Ansehen.

Seit Tagen richtest du dich darauf ein, wie jedes Jahr, zwei Wochen in das Dorf zu reisen, aus dem du stammst. Du bittest den Fahrer, der dich in deinem Auto chauffieren wird, die Geschenke für deine Familie, deine Freunde und Verwandten in den Kofferraum zu legen. Dein Fahrer und seine Frau sind vor langer Zeit ebenso wie du in die Großstadt gezogen. Während du deine Familie besuchst, werden sie im Nachbardorf bleiben, in ihrer Heimat. Zunächst fahrt ihr zu diesem kleinen Ort.

Im compound der Familie deines Personals wirst du so empfangen, wie du es aus der Stadt gewohnt bist. Die Menschen zeigen dir ihre Achtung. Sie berühren deine Kleidung. Sie erscheint ihnen unvorstellbar kostbar. Deine Garderobe, dein teurer Schmuck und das Auto beweisen ihnen, dass es das Schicksal gut mit dir gemeint hat. Ihre Worte schmeicheln und du gibst ihnen einen Geldbetrag, wie es von dir erwartet wird.

Dann führen sie dich zu einem kleinen Haus. Der Eingang ist niedrig, du musst dich weit hinunterbeugen, um eintreten zu können. Dein Fahrer bringt dir eine große Tasche. Dann lässt er dich allein. Du ziehst das elegante Kostüm und die hochhackigen Schuhe aus. Du entledigst dich deines Schmucks und deiner Langhaarperücke, die du in der Stadt trägst, um dich von den einfachen Frauen zu unterscheiden. Darunter ist dein eigenes Haar in kleine Zöpfe geflochten nach der Art der Frauen deines Dorfs.

Du ziehst eine einfache Bluse an, hüllst dich von Hals bis zu den Knöcheln in leuchtend bunten Batikstoff. So gewandet trittst du aus dem schlichten Lehmhaus. Dein Fahrer hilft dir dabei, einen mit Geschenken gefüllten Korb auf den Kopf zu setzen. Jetzt machst du dich auf den Weg in das Heimatdorf, in dem du geboren wurdest und in dem du den größten Teil deiner Jugend verbracht hast. Hier leben noch deine Eltern und einige Geschwister. Das milde Licht des nahen Sonnenuntergangs färbt das satte Grün mit mildem rötlichem Schimmer. Du fühlst einen Frieden in dir, wie du ihn schon lange nicht mehr gespürt hast.

Du erreichst ein Akazien-Dickicht. Dein Weg führt über ausgedörrte Erde, vorbei an Termitenhügeln. Du folgst dem gewundenen Flussbett. Ein warmer süßer Geruch hängt in der Luft. Dieser erste Bote aus dem Heimatdorf gibt dir das Gefühl anzukommen. Senkrecht in der ruhigen Luft stehen die Rauchfahnen der bereits entzündeten Feuer, auf denen das Abendessen zubereitet wird.

Am Eingang des Dorfes empfangen dich viele Kinder. Hände strecken sich dir entgegen. Manche der älteren Jungen und Mädchen erkennen dich wieder, für die kleineren bist du noch eine Fremde. Voller Scheu drücken sie sich hinter die älteren. Je weiter du ins Dorf hineingehst, desto mehr trauen sie sich hinter den Rücken ihrer Brüder und Schwestern hervor. Mit jedem Schritt rücken die vertrauten Häuschen näher. Wie zierlich alles wirkt, wie sauber, wie ordentlich. Kein Lärm ist zu hören. Abendfrieden ruht über einer kleinen Gemeinschaft.

Vor den Häusern sitzen Menschen. Sie fragen, wie es dir geht, ob deine Kinder gesund sind. Du antwortest, wiederholst viele Male geduldig die gleichen Worte. In den Gesichtern siehst du die Freude darüber, dass du heimkehrst. Dass du nicht vergessen hast, woher du einmal gekommen bist.

Du gehst auf das Haus deiner Eltern zu. Deine Mutter eilt dir mit ausgestreckten Armen entgegen und hilft dir dabei, den schweren Korb auf den Boden zu setzen. Dein Vater erhebt sich von der Bank vor seinem Haus. Deine Mutter tritt zur Seite, damit du ihn begrüßen kannst. Du kniest vor ihm nieder.

Er ist älter geworden. Mehr als das eine Jahr, seitdem du ihn zuletzt gesehen hast. Die harte Arbeit wird ihm immer schwerer. Er strahlt eine innere Ruhe und Ausgeglichenheit aus wie kein Mann, den du in der Stadt kennen gelernt hast.

Deine Mutter und deine jüngste Schwester haben ein Feuer entzündet. Nach und nach treffen immer mehr Dorfbewohner ein und versammeln sich ums Feuer. Speisen werden gebracht. Das Essen ist einfach, so, wie du es in Erinnerung hast. Niemand hat gewusst, dass du heute kommst. Umso mehr freuen sie sich über deinen Besuch.

Sie erzählen, was sich in den letzten Monaten ereignet hat. Über eine Krankheit, die jemand überstanden hat. Über die Ernte, die nicht so gut ausgefallen ist. Über die Geburt eines Kindes und über den Tod eines alten Menschen. Du fragst und lauschst. Dann sollst du berichten und erzählst, dass deine Älteste dich inzwischen wieder zur Großmutter gemacht hat.

Obwohl der Feuerschein flackert, liest du in den Gesichtern, dass sie deine Kinder und Enkel gern sehen möchten. Du sagst, dass sie bald kommen werden, und weißt, dass sie den Weg in das Dorf deiner Familie nicht finden wollen. Sie sind in der Stadt groß geworden. Diese kleine Welt, weit weg von ihrem Leben, halten sie für rückständig.

Du versöhnst deine Familie mit den Geschenken aus der fernen Großstadt und fühlst, dass du sie nicht hättest mitbringen dürfen. Sie gehören nicht hierher, wirken, als ob sie von den Sternen heruntergefallen wären. Die Alten schauen verwundert auf diese Dinge, nur die Kinder sind begeistert.

Ihre Neugier wird die moderne Zeit irgendwann auch in dein Dorf bringen. Du kannst es nicht aufhalten, bist der Bote, der das Neue bringt. Und willst es gleichzeitig fern halten von diesem letzten Flecken, an dem noch die Klarheit wohnt. In einem verborgenen Winkel deines Herzens trägst du sie und kannst sie nur hier entdecken.

Als es Zeit wird schlafen zu gehen, legst du dich auf eine schlichte Matte am Boden. Dein Schlaf ist tief und du erwachst mit dem Krähen des Hahns. Du nutzt die Morgenkühle, um dich mit einer großen Schüssel auf den Weg zum Fluss zu begeben. Dieses Jahr führt er noch weniger Wasser, doch es reicht, um dein Gesicht und deine Hände zu waschen. Auf dem Kopf trägst du das Wasser zurück zum Haus deiner Eltern und bereitest mit deiner Schwester ein Mahl aus gestampftem Yams und Bohnen.

Dein Vater sitzt mit zwei Gästen im compound. Sobald das Essen fertig ist, reichst du gemeinsam mit deiner Schwester dem Vater und seinen Gästen Wasser zum Händewaschen und servierst aus halben Kalebassen. Als das Mahl beendet ist, gießt du einem nach dem anderen Wasser in die hohle Hand. Erst danach esst ihr Frauen gemeinsam. In der Hitze des Mittags sitzt ihr vor der Hütte. Ihr redet lange und du flechtest deiner Mutter die Haare zu kleinen Zöpfen.

Dein Blick schweift über das jetzt menschenleere Dorf, den Weg entlang, den du am Vorabend gekommen bist. Irgendwann wird dein Fahrer mit weiteren Geschenken eintreffen. Vor Jahren hast du diesen Brauch eingeführt, weil du glaubtest, es würde so erwartet. Du kannst die Zeit nicht zurückdrehen.

Das Leben hier ist einfach, aber es ist gut. Im Grunde deines Herzens brauchst du nicht mehr als das, was du siehst.

Der Kreis der Stärke

In meinem Traum traf ich wieder die Leopardin. Wie üblich lag sie auf Dornen, die für sie so weich zu sein schienen wie das Kissen, auf dem ich ruhte.

Du hast mir noch immer nicht verraten, wie du es auf den Dornen aushältst, sagte ich.

Mein lieber Mensch, weißt du das denn nicht? Nach allem, was ich dir über mein Leben erzählt habe?

Na ja, ich weiß eine Menge über dich. Aber diese entscheidende Frage kann ich nicht beantworten.

Für einen Moment hielt sie inne und blickte aufmerksam in die Ferne. Ich richtete mich gespannt auf, um das Geheimnis zu erlauschen.

Das Leben ist, wie es ist, sagte sie.

Ungläubig beugte ich mich vor, erwartete, dass eine tief schürfende Erklärung folgte. Doch sie schwieg.

Aber das ist doch keine Antwort auf meine Frage, wie du es auf den Dornen aushältst!

Reglos und stumm wie eine Sphinx verharrte sie.

Vor 35 Millionen Jahren schon lebten deine Vorfahren auf der Erde. Dort, wo du heute über den trockenen Boden der Savanne läufst, gediehen damals riesige Urwälder. Du kannst, anders als wir Menschen, tagelang ohne Wasser auskommen, von Fressen ganz zu schweigen. Du musst doch eine Botschaft haben! Eine Erkenntnis, in der sich alles zusammenfassen lässt!

Von ihrer hohen Warte aus sah sie zu mir herunter. Als sie zu sprechen begann, hörte ich ihre sanfte Ironie:

Reden wir mal über dich, du Leopardenfrau. Wie geht es bei dir weiter?

Ich weiß es nicht, das wird sich zeigen. Es geht ja schließlich immer irgendwie weiter. Ich habe meine Krankheit angenommen. Ich werde mir ein anderes Ziel setzen. Am Anfang wird es wieder hart sein, wenn ich mich in diesem neuen Revier umblicke. Aber ich habe verstanden, dass ich genügsam sein muss, wenn alles von vorn beginnt. Ich werde mich vorsichtig vorwärts bewegen und mich an die neuen Anforderungen anpassen …

Meine Traum-Verbündete fiel mir ins Wort: Dann wirst du flexibel auf die Herausforderung reagieren. Mit viel Geduld erreichst du ein paar Fortschritte und steckst gleichzeitig die unvermeidlichen Niederlagen ein.

Aber ich bin hartnäckig, darin bin ich immer am besten gewesen, setzte ich ihren Gedanken fort.

Dann erreichst du dein neues Ziel, folgerte sie und fragte im selben Atemzug: Und was ist dann? Auf den Triumph folgt die Ernüchterung. Der Weg zurück ins normale Leben beginnt. Und wir stehen wieder da, wo wir jetzt auch sind: Wir sind bescheiden geworden, weil wir mit jedem neuen Ziel auch Grenzen erreichen.

Ich reckte mich so wie meine Leopardin. Im Grunde, sagte ich, ist alles ein ewiger Kreislauf.

In ihrer Erwiderung lag die Weisheit, die ich an ihr so schätzte: Kann es einen Anfang geben – ohne ein Ende?

Die Musterschülerin, die ich geworden war, entdeckte darin sofort den Hoffnungsschimmer: In jedem Ende liegt ein Anfang. Es ist ein Kreislauf, bei dem wir stärker werden, solange wir uns bewusst sind, dass kein Tiefpunkt ewig dauert, sondern nur das Tal zwischen zwei Bergen ist.

Dann haben die Stunden mit mir ja geholfen, meinte meine Traum-Gefährtin und gähnte ausgiebig. Sie kuschelte sich auf ihr ungemütliches Lager.

Die Dornen, rief ich.

Bis bald, brummte sie und verschwand im Nichts.

Ich lehnte mich zurück und versuchte mich zu entspannen. Doch die Suche nach des Rätsels Lösung ließ mich nicht los.

Aus der Ferne klang Odames Stimme zu mir: »Es ist alles in dir.«

Ich blickte an meinem Körper herunter. Plötzlich wusste ich die Lösung. Sie klang erstaunlich simpel: Die Leopardin ruht in sich selbst.

Wie schwer war es doch, dass mir gerade das gelang! Jeden Tag aufs Neue.

Nachwort

Um mich in den Kreislauf der Leopardin hineinzufinden, habe ich monatelang in meinen Innenwelten nachgespürt. Körperlich und seelisch durchlitt ich jenen Zirkel, von dem ich schrieb. Stärker als bei jedem anderen Buch bemerkte ich, wie entscheidend die Stimmung ist, in der Rituale angewendet und Geschichten gelesen werden. Was heute schwer fällt oder abgelehnt wird, kann morgen meiner Verfassung entsprechen.

Wenn es Ihnen nicht auf Anhieb gelingt, sich in ein Kapitel hineinzufinden, wird es Ihnen möglicherweise zu einem späteren Zeitpunkt leichter fallen, und sich Ihnen die Bedeutung umso besser erschließen. In diesem Sinn lege ich mein Buch in Ihre Hände; zu leben beginnt es erst durch Sie. Es ist wie der Setzling, den ich im Wald bei den Priesterinnen gepflanzt habe. Ich überlasse ihn hiermit Ihrer Obhut.

Ich danke Ihnen für die Aufmerksamkeit, die Sie meinen Erzählungen, Übungen, Ritualen, den Fabeln und Geschichten geschenkt haben.

Gestatten Sie noch eine Nachbemerkung: Die vorgestellten Kraftreisen erleben Sie intensiver, wenn Sie ihnen eine Ein- und eine Ausleitungsphase voranstellen beziehungsweise folgen lassen. Auf der Internet-Seite *www.kraftreisen.de* habe ich dazu Entsprechendes vorbereitet. Sollten Sie also Lust dazu verspüren, das Gelesene zu vertiefen, lade ich Sie herzlich ein, diese Homepage zu besuchen.

Danksagung

Meine Tochter Janet lebt mir vor, wie eine junge Leopardin selbstbewusst auf Bäume klettert, um ferne Ziele zu erspähen, denen sie dann beharrlich nachjagt. Meine Tochter Anne entdeckt die Leopardin gerade für sich. Cara, unsere Jüngste, zieht es noch vor, sich das Fell kraulen zu lassen. Um gelegentlich ihre Krallen zu schärfen. Mein Sohn Robert, ein Jäger, kennt unser Revier bestens.

Durch das scheinbar so unspektakulär verlaufene Leben meiner Mutter lernte ich die Kraft der Demut kennen.

Thea Schneider verdanke ich einen tiefen Blick in eine andere Dimension, Anne Sand und Irmgard Hegmann zahlreiche aufbauende Gespräche.

Vor allem Prof. Dr. Erika Gromnica-Ihle, Stephan Moll und Dr. Viola Pinske-Köper haben es mir erleichtert auf Dornen zu liegen. Der Deutschen Rheumaliga Berlin danke ich für die Unterstützung, die sie mir gewährte, um meine ersten Kraftreisen abhalten zu können. Ich traf dort auf eine Vielzahl von Menschen, die mich ermutigt haben, meinen Weg fortzusetzen. Stellvertretend für alle, die mir einen unerwarteten Blumengruß und in schweren Zeiten liebe Worten schenkten, danke ich Gerhild Brucksch.

Meinem Kollegen Ulrich Schaffer einen herzlichen Gruß nach British Columbia, verbunden mit Dank für einen großen Topf Blaubeeren und ein langes Gespräch.

Barbara Laugwitz, unermüdliche Lektorin und bekennende Hundeliebhaberin, half in den Phasen meiner mangelnden Anpassungsfähigkeit auf den richtigen Weg ins neue Revier zurück.

Odame und ihren Frauen danke ich, indem ich ihr Wissen weitergebe.

Einen aufrichtigen Dank an alle bei Ullstein, die in unruhigen Zeiten unbeirrt weitermachten.

Allen, die in einer Krisensituation Hilfe im Austausch mit anderen suchen, empfehle ich die Selbsthilfe-Kontaktstelle NAKOS: im Internet unter www.nakos.de; Postanschrift: Wilmersdorfer Str. 39, 10627 Berlin.

Warten wir nicht,
bis uns alles fertig auf dem Teller serviert wird.
Haben wir doch alle die Fähigkeit,
Vernunft und Weisheit zu entfalten
und unser Leben selbst zu gestalten.

Boniface Tuiguila

Weiterführende Literatur

Bolen, Jean Shinoda: Göttinnen in jeder Frau, München 1995
– Krankheit und die Suche nach dem Sinn, München 1998
Campbell, Joseph: Der Heros in tausend Gestalten, Frankfurt 1953
Frankl, Viktor E.: … trotzdem ja zum Leben sagen. Ein Psychologe erlebt das Konzentrationslager, München 1977
Frobenius, Leo: Schwarze Sonne Afrika, Düsseldorf 1980
Hilliges, Ilona Maria: Die weiße Hexe, München 2000
– Das verborgene Herz Afrikas, München 2001
– Rat und Hilfe bei Lupus, Stuttgart 2001
Ibekwe, Patrick: Wit and Wisdom of Africa, Oxford 1998
Lewis-Williams, J. D.: Stories that float from afar, Claremont SA 2000
Pinkola Estés, Clarissa: Die Wolfsfrau, München 1993
van der Post, Laurens: Das Herz des kleinen Jägers, Zürich 1994
de Saint-Exupéry, Antoine: Der kleine Prinz, Düsseldorf 1956
Schaffer, Ulrich: Grundrechte. Ein Manifest, Stuttgart 1988

Hinweis:

Die in diesem Buch verwendeten Geschichten, Fabeln und Kraftreisen sind geistiges Eigentum der Autorin und unterliegen in diesem Sinne dem Urheberrecht. Die Geschichte *Der Jäger und die Leopardenfrau* wurde inspiriert durch eine Fabel von Leo Frobenius.

Die erschütternde Lebensgeschichte einer Haremstochter

Mit 42 Jahren lässt sich die Deutsche Lisa Hofmayer auf das Abenteuer ihres Lebens ein: Sie wird die 33. Frau eines reichen Afrikaners. In ihrer neuen Großfamilie findet Lisa ungeahnten Lebensmut. Glücklich wächst ihre kleine Tochter Choga in der Obhut ihrer zahlreichen Mütter auf. Doch mit 16 Jahren wird ihr Leben zum Alptraum: Ihr Vater zwingt sie, einen 30 Jahre älteren Mann zu heiraten. Um Chogas Widerstand zu brechen, vergewaltigt er seine junge Frau brutal. Nur mit Hilfe ihrer Mutter gelingt Choga die Flucht …

Choga Regina Egbeme

Hinter goldenen Gittern

Ich wurde im Harem geboren

Originalausgabe

ULLSTEIN TASCHENBUCH

US1

Die erschreckenden Erlebnisse
einer jungen Deutschen in Ägypten

Voll guter Hoffnung zieht Heike Wagner mit ihrem Mann Ahmed und dem gemeinsamen Sohn nach Ägypten. Sie passt sich radikal an die dortigen Sitten und Gebräuche an. Doch Ahmeds Verhalten verändert sich schlagartig: Er bringt ihr nur noch Misstrauen und Verachtung entgegen. Verzweifelt über die ständigen Demütigungen beschließt Heike Wagner zu fliehen. Doch ohne Genehmigung ihres Mannes darf sie das Land nicht mit ihrem Sohn verlassen …

Heike K. Wagner

Gefangen im geliebten Land

Meine ägyptischen Jahre

ULLSTEIN TASCHENBUCH

US3

Als weiße Frau in Afrika leben, die Anziehungskraft einer fremden Kultur spüren, hin und her gerissen sein zwischen westlichem Rationalismus und afrikanischer Spiritualität – dies sind die Erfahrungen von Ilona Maria Hilliges in Nigeria. Sie taucht ein in die mystische Welt des Schwarzen Kontinents – und trifft den Mann ihres Lebens. Doch ein mächtiger Clanchef bedroht sie mit Schwarzer Magie. Sie wehrt sich mit den Waffen ihres Gegners und unterwirft sich einem magischen Ritus: Sie wird zur »weißen Hexe«.

Der authentische Lebensbericht einer weißen Frau in der spirituellen Welt Afrikas.

Ilona Maria Hilliges

Die weiße Hexe

Meine Abenteuer in Afrika
Mit zahlreichen Abbildungen

ULLSTEIN TASCHENBUCH

»Spannend wie ein Abenteuerfilm!«
Der Stern

Seit Jahrhunderten werden
afrikanische Frauen in den
geheimen Kult der Liebesgöttin
Mammy Water eingeweiht. Auch
Ilona Maria Hilliges unterwarf
sich diesen traditionellen
Ritualen. Denn sie liebte den
Sohn eines mächtigen
Clanchefs – und die Stammes-
ältesten forderten: »Die weiße
Frau muss lernen, eine Afri-
kanerin zu sein.« Tief im
Regenwald Afrikas erschloss
sich ihr eine geheimnisvolle
Welt der Mystik und Magie.

Ilona Maria Hilliges
Das verborgene Herz Afrikas
Mit zahlreichen Abbildungen
Originalausgabe

ULLSTEIN TASCHENBUCH